ŒUVRES

DE

SAINT-SIMON & D'ENFANTIN

PRÉCÉDÉES DE DEUX NOTICES HISTORIQUES

XXVIe VOLUME

ŒUVRES

D'ENFANTIN

PUBLIÉES PAR LES MEMBRES DU CONSEIL

INSTITUÉ PAR ENFANTIN

POUR L'EXÉCUTION DE SES DERNIÈRES VOLONTÉS

SIXIÈME VOLUME

PARIS
E. DENTU, ÉDITEUR
LIBRAIRE DE LA SOCIÉTÉ DES GENS DE LETTRES
PALAIS-ROYAL, 17 ET 19, GALERIE D'ORLÉANS

1872

PRÉFACE

Dans la préface de notre XXIVe volume, nous avons signalé l'athéisme comme le grand coupable des malheurs de la France, et nous avons fondé cette accusation sur ce qu'il était manifestement le générateur de l'égoïsme qui, en faisant prévaloir partout l'intérêt privé sur l'intérêt général, engendre les mauvais gouvernants et les mauvais gouvernés, les mauvais soldats et les mauvais citoyens.

Mais ce grand coupable n'a-t-il pas lui-même, pour l'aider à porter devant l'histoire la responsabilité de sa désastreuse influence, n'a-t-il pas aussi un générateur qui, après l'avoir mis au monde sans le vouloir et sans le savoir, s'obstine toujours à lui prêter fatalement un concours actif dans ses ravages, en encourageant ou en commandant, par la parole et par l'écriture, la résistance provocatrice des préjugés rebelles à l'esprit du temps?

Oui, l'athéisme n'apparaît jamais sur la terre pour bouleverser à la fois la religion, la morale et la politique des États, que lorsque la religion elle-même, faute de vouloir ou de pouvoir maintenir ses dogmes, ses préceptes et ses enseignements à la hauteur des connaissances acquises et des progrès accomplis, se fait accuser de n'être plus qu'une superstition, et a manifestement perdu la puissance d'inspirer la foi.

Eh bien ! le christianisme, tel qu'il fut symbolysé à Nicée sous la pression de Constantin, tel qu'il fut exalté et pratiqué par Grégoire VII, et tel qu'il est résumé de nos jours dans le *Syllabus* de Pie IX, ce christianisme défiguré, dont le souverain pontife vient de se proclamer infaillible, n'a-t-il pas visiblement perdu, depuis plusieurs siècles, et ne perd-il pas, de plus en plus, cette puissance inspiratrice dont il ne sait et ne peut plus arrêter la décadence?

Ce n'est pas aux disciples de Voltaire ou de d'Holbach que nous demanderons une réponse à cette grave question : nous la prendrons à des sources moins suspectes, dans le témoignage même des écrivains et des personnages les plus dévoués au Saint-Siége et à la perpétuité des croyances chrétiennes.

C'est d'abord l'illustre auteur du *Pape*, c'est de Maistre qui a dit, au commencement de ce siècle : *Il n'y a plus de foi sur la terre, le genre humain ne peut rester dans cet état.*

C'est un successeur de saint Pierre, Pie VIII, qui, sous le règne des fils aînés de l'Église, rétablis sur le trône de saint Louis par la contre-révolution européenne, laissa tomber du haut du Vatican ces lamentations solennelles : *Les pratiques saintes sont un sujet de moquerie; tous les enseignements sont assimilés à de vieilles fables ou à de vaines superstitions.*

C'est un prince de l'Église, portant un grand nom parmi les derniers défenseurs de la foi monarchique et catholique, et assis sur un des premiers siéges épiscopaux du royaume très-chrétien, c'est M. de Bonald, archevêque de Lyon, qui se plaignait dans un mandement de ce que, *en jetant un regard autour de nous,*

nous ne voyons que profanations de jour en jour plus scandaleuses du jour du Seigneur, que licence chaque jour plus révoltante dans les écrits et dans les arts, qu'une hardiesse toujours croissante d'un enseignement qui a cessé d'être catholique et qui est à peine chrétien.

Enfin c'est Lamennais, alors qu'il était encore fermement attaché aux doctrines et à la discipline de l'Église romaine, c'est Lamennais qui, à la vue des excès scandaleux et des honteux débordements de l'incrédulité régnante, dans la capitale du monde chrétien, jusques aux pieds du trône pontifical et aux sources mêmes de la foi; c'est Lamennais qui, écrivant à une fervente catholique, Mme de Senfft, femme de l'ambassadeur d'Autriche à Turin, lui exprimait en ces termes l'indignation et le désespoir dont son voyage à Rome l'avait rempli :

« Le catholicisme était ma vie, disait-il, parce qu'il est celle de l'humanité; je voulais le défendre, je voulais le soulever de l'abîme où il va s'enfonçant chaque jour. Rien n'était plus facile. Les évêques ont trouvé que cela ne leur convenait pas. Restait Rome : j'y suis allé, et j'ai vu là le plus infâme cloaque qui ait jamais souillé des regards humains. L'égout gigantestesque des Tarquins serait trop étroit pour donner passage à tant d'immondices. Là, NUL AUTRE DIEU QUE L'INTÉRÊT; on y vendrait les peuples, on y vendrait le genre humain, on y vendrait les trois personnes de la sainte Trinité l'une après l'autre, ou toutes ensemble, pour un coin de terre ou pour quelques piastres. J'ai vu cela, et je me suis dit : Ce mal est au-dessus de la puissance de l'homme, — et j'ai détourné les yeux avec dégout et avec effroi. » (*Œuvres posthumes* de Lamennais, tome II, page 247.)

Comment s'étonner donc que l'athéisme fasse prévaloir partout l'intérêt particulier sur l'intérêt général, si, au foyer principal des croyances chrétiennes, *il n'y a aussi nul autre Dieu que l'intérêt?* L'athéisme hypocrite n'est pas moins coupable que l'athéisme effronté dans ses excitations et ses encouragements à l'égoïsme, et dans les maux qui en résultent. Disons mieux, il a une double responsabilité à porter dans les désordres sociaux, car, d'un côté, il prend largement part à ces désordres tout en se couvrant du manteau de la religion, et il provoque ensuite, sous ce manteau, par ses démonstrations superstitieuses et fanatiques, par son zèle intolérant pour *l'incroyable* traditionnel, il provoque les irruptions de *l'incrédulité* intolérante dont il fait fatalement une puissance révolutionnaire. Oui, c'est le radotage furibond des traînards du passé qui pousse à une extravagance, parfois atroce, les avant-coureurs de l'avenir.

Voilà où nous en sommes. Hier, c'était le socialisme athée, faux interprète du progrès social, héraut malavisé de la démocratie, qui, dans ses congrès et ses manifestes, niait hautement l'existence de Dieu, jusqu'à provoquer les protestations de libres penseurs, tels que Mazzini et Garibaldi; aujourd'hui, c'est le conservatisme superstitieux, organe épuisé d'une foi défaillante, qui se remet à faire des miracles, après que, dans ses conciles et ses décrets, il a proclamé *infaillible*, c'est-à-dire l'*égal de Dieu,* l'homme qui s'appelle humblement lui-même le *serviteur des serviteurs de Dieu !* ce qui a provoqué la répulsion éclatante de grands penseurs, incontestablement religieux et chrétiens, tels que le père Hyacinthe, l'abbé Dœllinger, etc., etc.

C'est entre ces deux extrêmes, également intolérants et tyranniques, également hostiles au développement pacifique de la civilisation universelle; c'est, entre l'athéisme travaillé par la fièvre révolutionnaire et le papisme en proie au délire réactionnaire, que l'avenir cherchera et trouvera la voie où doit s'opérer, par l'intervention d'une croyance commune, la réconciliation du progrès et de l'ordre, de la liberté et de l'autorité, de la science et de la foi. Plus que jamais il faut reconnaître, avec de Maistre, qu'il n'y a plus de foi sur la terre, que le genre humain ne peut rester dans cet état, et qu'en présence de la complète décomposition morale et religieuse du vieux monde, il faut opter entre ces deux hypothèses, ou que le christianisme sera rajeuni de quelque manière extraordinaire, ou qu'il se formera une religion nouvelle.

Chaque jour justifie de plus en plus les hardies prévisions de l'athlète désespéré du vieux christianisme ; chaque jour l'urgence d'opter entre le rajeunissement de la doctrine évangélique et l'apparition d'un dogme nouveau se fait sentir davantage à tout vrai philosophe ; mais chaque jour aussi, les signes des temps viennent témoigner que l'instinct religieux de l'humanité ne se trouve pas à l'aise dans le vide créé autour de lui par les débordements de l'incrédulité, et que la vraie philosophie est à l'œuvre pour le tirer de cet abîme et lui rendre l'air et la vie.

Quelques années seulement après la mort de

Joseph de Maistre, Saint-Simon, avons-nous dit dans notre précédente préface, faisait paraître le *Nouveau Christianisme;* et, à cette heure, du sein même du clergé catholique, surgissent de courageux, de savants et d'éloquents apôtres de la régénération chrétienne, de telle sorte qu'on peut dire que les deux hypothèses de l'illustre auteur des *Considérations sur la France* sont bien près d'être vérifiées pour être plus tard logiquement identifiées, puisque les deux termes de l'alternative prophétique posée par de Maistre, n'expriment au fond, qu'une même chose, la *religion nouvelle* ne pouvant être que le *rajeunissement* ou une *évolution progressive du christianisme*.

Le novateur Saint-Simon avait bien compris cette identité fondamentale quand il donnait à sa conception religieuse le titre de *Nouveau Christianisme*, et ses disciples, Enfantin en tête, recueillirent et gardèrent soigneusement cette pensée.

Dès 1828, dans une lettre adressée à de proches parentes, catholiques pieuses, Enfantin s'exprimait ainsi[1] :

1. Cette lettre est reproduite intégralement dans le cin-

« Les prêtres ne sentent pas leur avenir; ils se plaignent qu'on leur dispute leur, passé ; ils devraient, s'ils connaissaient la volonté de Dieu, s'en féliciter. Dieu veut qu'ils soient les instituteurs du genre humain, qu'ils soient les plus savants, les plus dévoués, mais il ne veut pas qu'on enseigne à perpétuité ce qu'on enseignait sous l'empire du glaive. Qu'un homme, pénétré de sa mission apostolique, sorte aujourd'hui des rangs du clergé, qu'il fasse rougir ses frères de leur ignorance, qu'il leur montre le progrès que Dieu a fait faire à son peuple, et ceux qu'il ordonne aujourd'hui d'accomplir encore. Ne parlaient-ils donc pas politique, ces grands hommes dont la voix puissante a fait tomber les chaînes de l'esclave ? Le clergé laissait-il aux laïques tout l'honneur de ce grand témoignage de l'obéissance humaine aux volontés de Dieu ? Ils ont dit jadis aux maîtres : vos esclaves sont vos frères, et les chaînes sont tombées. Aujourd'hui n'existe-t-il plus d'hommes qui vivent du travail du peuple dans la lâche oisiveté ? Les hommes ne jouissent-ils pas encore du travail de leurs escla-

quième volume des œuvres d'Enfantin, le 25me de la collection générale.

ves, ne se nourrissent-ils pas de leurs sueurs? Moins barbares qu'autrefois, ils ne sont pas moins avides; l'homme, à leurs yeux, la création de Dieu, n'est encore qu'un instrument de plaisir qu'ils usent, fatiguent à leur gré, et ils se croient chrétiens ! Et les prêtres ! ils disent qu'ils parlent au nom de Dieu, et ils ne nous annoncent pas la fin de cette longue désobéissance à ses ordres, et ils n'écrasent pas de leur éloquence les hommes qui tendent à la prolonger ! Comment pourraient-ils nous pénétrer d'amour pour le Tout-Puissant ! Ils ne nous révèlent pas ce que nous réserve sa bienveillante sollicitude pour l'humanité; que dis-je ? ils nous annoncent un avenir sinistre, la fin du monde, le châtiment divin réservé, à qui ? à l'espèce humaine affranchie, à l'espèce humaine mieux disposée mille fois à recevoir avec enthousiasme les ordres divins, qu'elle ne l'était à l'époque des orgies des empereurs romains, *si rapprochée de la naissance du Christ*. Que la voix de Dieu se fasse entendre avec la force qu'elle avait dans la bouche de saint Paul; les Corinthiens de nos jours l'écouteront, ils ne sont pas plus irréligieux que ne l'étaient les élèves des philosophes de l'empire romain. Les augures ne pouvaient pas se regarder sans rire, à l'époque de Cicéron; nos augures aujourd'hui, sont aussi rieurs que les autres, car ils ne savent plus lire dans l'avenir, ils ne savent pas qu'ils ont quelque chose à annoncer au monde, *ils ignorent la bonne nouvelle*. Les Romains assistant, au Cirque, à la boucherie des esclaves, les Romains, souillés de tous les vices, plongés dans la plus sale débauche, ne connaissaient pas d'autre Dieu que l'or, d'autre moyen de réussir que l'assassinat, d'autre amour que celui de Messaline; les Romains se sont convertis au christianisme, et l'on désespérerait de nous !

« Non, mes chères amies, nous croirons encore que Dieu préside à nos destinées; nous croirons qu'il nous a condamnés à cette longue épreuve de désordre, de lutte, de guerre, pour nous faire mieux chérir le bonheur qu'il nous réservait; nous croirons surtout, qu'il nous a donné les moyens de connaître ce qu'il faut faire pour que l'espèce humaine présente à ses yeux le spectacle qu'il attend d'elle, c'est-à-dire le spectacle d'une société pacifique organisée pour le travail, dirigeant en commun tous ses efforts pour embellir la terre qu'il a créée, pour rendre meilleurs les hommes auxquels il a donné le pouvoir de se rapprocher sans cesse de lui, en élevant leurs sentiments, en développant leur intelligence; or, ces moyens de nous organiser comme il le désire constituent la science de la *Politique;* nous croirons donc que c'est à ses ministres à nous enseigner les éléments de cette science, à nous en faire admirer la grandeur et chérir l'utilité. Voilà la théologie de nos jours, car la théologie, c'est la connaissance de Dieu; et comment connaître Dieu, si ce n'est par ses œuvres, et quelle œuvre plus sublime que l'espèce humaine ? »

Malgré ce caractère profondément religieux de la doctrine saint-simonienne, les plus vaillants et les plus illustres écrivains catholiques de cette époque affectèrent de ne pas prendre le *Nouveau Christianisme* pour le symbole d'une religion nouvelle, et ils s'obstinèrent à le faire considérer comme le simple programme d'une école purement politique. Cette appréciation superficielle eut pour organe le journal même de Lamennais, l'*Avenir*. L'apparition d'un adversaire aussi haut placé dans le monde intellectuel fit prendre la plume à Enfantin, qui rédigea aussitôt la note suivante :

« L'article que nous lisons dans le numéro de ce jour, du journal l'*Avenir*, exige impérieusement que les premiers apôtres du Dieu nouveau s'approchent du dernier et du plus ferme défenseur du Dieu du *passé*.

« Ministre du Christ, nous sommes pour vous des *philosophes*, des *publicistes*; votre bouche se refuse à nous donner le nom d'*apôtres;* aussi ne nous connaissez-vous pas encore, nous voici :

« Oui, la parole de notre maître est une *philosophie* et une *politique*, parce que le Dieu que nous adorons EST TOUT CE QUI EST; mais, elle est aussi une RELIGION, parce que notre philosophie et notre politique ne sont pour nous que les deux manifestations, *spirituelle* et *temporelle*, de ce qui, en tout *temps*, en tout *lieu*, *anime*, *vivifie*, *lie* toute *pensée* et *toute chose*, toute *idée* et toute *forme* de L'AMOUR.

« Nous sommes *apôtres*, non parce que notre *philosophie* nous donne le droit d'imposer une *loi* à la SCIENCE, non parce que notre *politique* nous donne le droit d'imposer une *loi* à L'INDUSTRIE, mais parce que nous VOULONS améliorer progressivement l'existence MORALE, PHYSIQUE et INTELLECTUELLE du genre humain.

« Voilà notre RELIGION : dites maintenant si elle peut résister à l'examen !

« La parole du Christ fut une *philosophie*, elle ne fut point une *politique* : Gloire à Jésus !

Lorsqu'il parut, la politique était et devait encore être sanglante ; il en éloigna nos pères : gloire une fois encore à lui !

« Une parole divine nouvelle doit aujourd'hui se faire entendre. Rome n'a plus de voix comme Delphes n'avait plus d'oracles ; la politique sera sainte, car elle deviendra pacifique ; l'industrie succède à la guerre, voilà pourquoi Saint-Simon a parlé.

« Et nous, héritiers de notre Maître, nous vous attendons ; soyez le PAUL de l'alliance définitive, quittez les sépulcres blanchis, quittez les docteurs d'une loi morte, venez à nous, en vain vous voudrez réveiller Rome ! »

Enfantin fut prophète : nous venons de rappeler dans quelle espèce de sommeil Lamennais trouva Rome, et la profondeur du dégoût et du désespoir qu'il en rapporta. Il aurait pu mieux faire que gémir et désespérer. Mais le jour du PAUL de l'alliance définitive n'était pas encore venu. Il fallait un travail de près d'un demi-siècle, une série de terribles enseignements, pour que le suprême besoin de la foi qui manquait au genre humain suscitât enfin assez fortement des esprits et des caractères d'élite, parmi les ministres du Christ, pour les pousser à porter, jusqu'au pied du Vatican, avec le cri de détresse du vieux catholicisme, partout souffrant ou expirant sous le doute et le sarcasme, le signe consolateur d'une évolution nouvelle et progressive du vieux christianisme.

Lamennais, abandonné même par ses amis de l'*Avenir*, mourut dans le silence et la solitude. Son ancien collaborateur, Lacordaire, homme de cœur et de talent aussi, essaya vainement de relever, dans l'*Ère nouvelle*, le drapeau de la renaissance religieuse. D'un autre côté, l'annonciation d'une religion nouvelle avait cessé de faire du bruit; les saint-simoniens, dispersés par la persécution, semblaient avoir renoncé à la propagation de leur doctrine; et Rome, tout en continuant de ne reconnaître d'autre Dieu que l'or, se trouva tellement abusée par les succès croissants de l'internationale active des jésuites, qu'elle crut avoir donné un complet et éternel démenti à la prophétique alternative de son plus intrépide champion, et qu'elle se mit à exagérer de plus en plus l'absolutisme théocratique et rétrograde qui lui avait fait perdre manifestement la puissance inspiratrice de la foi, et, avec elle, le gouvernement spirituel des peuples les plus avancés en civilisation.

Vers la fin du règne d'un prince qu'on a appelé *le dernier des voltairiens*, L.-P. d'Orléans, l'Église romaine, qui n'avait plus devant elle ni la menace d'une religion nouvelle, ni l'essai d'un rajeunissement du christianisme, en vint à faire dire, par un de ses plus éloquents organes, et en pleine Chambre des pairs, au gouvernement français, qui ne voulait pas abandonner la tradition gallicane sur la grave question de l'enseignement : « Vous courez droit sur un écueil où se sont brisées des puissances plus fortes que la vôtre. »

Après l'avortement de la révolution du 24 février et le rétablissement de Pie IX sur son trône pontifical, l'esprit ultramontain ne garda plus de mesure dans les actes de la papauté depuis le *motu proprio* de Gaëte jusqu'à l'*Encyclique*, au *Syllabus* et à la proclamation des dogmes de l'*Immaculée conception* et de l'*Infaillibilité*.

C'est aux premiers jours de cette période rétrograde, trop prolongée au Vatican par l'ivresse du triomphe, qu'Enfantin vint désabuser ceux qui avaient pu croire que lui et ses disciples avaient abandonné la propagation du *Nouveau Christianisme*, et il publia une lettre adressée au vicaire général de M. Dupanloup, dans laquelle il indiquait, en ces termes, que la religion nouvelle, dans la pensée de ses apôtres et de ses adeptes, n'était que le rajeunissement du christianisme sous l'inspiration de *l'esprit de vérité* dont parle l'Évangile, et qui, d'après la parole du Christ, ne peut être et n'est pas autre que l'*esprit de progrès*.

« Vous dites que votre Église est la permanence du Christ sur la terre. Eh bien ! votre dogme vous défend-il de croire que cette divine permanence du Christ n'est un privilége pour personne, et que le fils de l'Homme vit dans l'humanité tout entière ?...

« Votre croyance en la permanence du Christ, dans l'Église catholique seule, n'est pas dogmatique, et, cependant, c'est d'elle que découle l'infaillibilité papale, ou simplement l'infaillibilité du pape en concile. C'est d'elle aussi qu'est sortie cette rude formule : *Hors de l'Eglise, pas de salut* ; c'est sur elle que se fonde l'excommunication, et, dans l'ordre temporel, la guerre religieuse et même la peine de mort. Cette croyance d'orgueil, d'exclusion, suffit à elle seule pour expliquer les désastres de l'Église romaine depuis qu'elle s'en est infatuée. Alors, elle n'a pas seulement altéré, elle a modifié la croyance des premiers chrétiens, et surtout celle du grand apôtre des nations, qui savait si bien chercher et trouver parmi les gentils ce Christ qu'il y portait lui-même, c'est-à-dire ses *frères*.

« Faites que le Christ qui est en nous se manifeste, aidez-nous à le mettre en lumière, mais ne prétendez pas le posséder seuls en permanence; le dispenser selon votre bon plaisir, l'interdire à qui, sans vous, le sent, ou peut-être l'ignore en lui-même, car il est là !

« Oui, je sens que le Christ vous parle par ma bouche quand j'implore l'Église, afin qu'elle recherche en elle-même les sources oubliées de sa gloire, et qu'elle tarisse celles de sa honte et de ses défaites... Dieu ne frappe que pour éclairer. Croyez-le, c'est avec cette pensée religieuse que je contemple et que je voudrais voir l'Église contempler ses malheurs. Mais, hélas ! quand le protestantisme l'a démembrée, elle a lancé contre lui l'anathème, elle a excommunié ses propres membres séparés du tronc ; mais ce tronc est resté immuable comme une statue de bronze, mutilée sur son piédestal. Et quand les philosophes l'ont sapée et ébranlée dans ses fondements, elle s'est assise immobile sur la somme de saint Thomas, brûlant les œuvres de Rousseau et de Voltaire, sans daigner faire un examen de conscience sur elle-même. Enfin, quand les révolutions renversaient toutes les puissances du vieux monde et creusaient les fondations d'un monde nouveau, elle pleura, elle gémit, comme si, elle aussi, était de ce vieux monde mourant...

« Et, pourtant, ce monde nouveau sort des entrailles du Christ; ce n'est plus le monde des nations, des races, des castes, de la naissance, de la guerre, de la servitude; non, c'est le monde de l'humanité, de la fraternité, de la paix, de la liberté, de la récompense selon les œuvres.

« Mère qui l'avez enfanté, vous méconnaissez donc votre enfant !... Sans doute il est pénible de confesser qu'on a fait fausse route ; mais c'est lorsqu'on ignore la véritable ; au contraire, lorsqu'on la connaît pour l'avoir soi-même ouverte, on reprend joyeusement son rang en tête de la colonne. L'humanité marche sans vous; elle vous laisse à l'arrière-garde, parmi les traînards impotents, invalides; montrez-lui que vous êtes encore dignes d'être ses guides; relevez le saint drapeau de liberté que vous avez abaissé devant les vieux maîtres de la terre et de l'homme; vous vous êtes retournés vers le passé; faites volte-face, et marchez vers l'avenir. »

Cet appel à l'Église elle-même, pour qu'elle prît l'initiative du rajeunissement du christianisme dont elle ne faisait que hâter la décadence et la ruine par sa lutte opiniâtre contre l'esprit moderne; cet appel, remarquable par le sentiment profondément religieux et par l'élévation de l'idée qu'il exprimait autant que par l'éloquente vivacité du langage, cet appel semblait fait pour frapper tout esprit supérieur qui aurait été sérieusement et sincèrement préoccupé de la destinée de la foi chrétienne. Mais les hautes intelligences et les grands talents, justement promus aux premiers rangs de la hiérarchie sacerdotale, subissent trop souvent l'empire des considérations mondaines, des intérêts de position et de profession, et de l'orgueil des dignités. Si les princes des prêtres avaient su comprendre les signes des temps et s'associer à la mission du juste, qui venait *accomplir et non abolir la loi*, en proclamant l'égalité et la fraternité sur la terre peuplée d'esclaves, l'autorité de l'antique sacerdoce aurait pu hâter la propagation de l'Evangile. Les enfants d'Aaron méconnurent la puissance irrésistible du génie de l'avancement, et les princes des prêtres de nos jours n'ont fait qu'imiter jusqu'ici leurs aveugles devanciers. Quel profit moral et religieux ont-ils tiré pourtant de leur refus de marcher avec leur siècle ? En vain ils ont égaré les pouvoirs monarchiques en France, jusqu'à leur faire fouler aux pieds les principes de 89 par le rétablissement des ordres monastiques, y compris les jésuites. Ce mouvement rétrograde n'a servi, comme nous l'avons dit, qu'à accroître l'audace et à favoriser le développement contagieux de l'athéisme. Heureusement, il a provoqué aussi une insurrection vraiment sainte, dans le sein même du clergé catholique, contre l'antichristianisme de plus en plus accentué de l'Église romaine ; et, à cette heure, ce sont des prêtres français qui lèvent solennellement la bannière de l'union de la science et de la foi, tandis qu'un moine français, célèbre par son éloquence, prêche dans Rome même, à côté du palais pontifical, non plus l'adoration du *Dieu du passé*, Mars ou Jéhovah, fétiche d'une secte, d'une tribu ou d'une nation, mais le culte du DIEU DU PRÉSENT ET DE L'AVENIR, créateur par ses inspirations progressives *du monde nouveau*, qui, selon l'expression d'Enfantin, est *le monde de l'humanité, de la fraternité, de la paix, de la liberté et de la récompense selon les œuvres.*

La réalisation de la prophétie de Joseph de

Maistre, nous ne saurions trop le redire, est donc manifestement proche. Ce sera la fin des luttes effroyables, si désastreuses pour les peuples, et toujours flagrantes ou imminentes tant que dure le duel du passé et de l'avenir, de la superstition et de l'incrédulité. La réconciliation de la science et de la foi frappera du même coup le grand coupable, l'athéisme, et son complice provocateur, le papisme, si visiblement mené par le jésuitisme. Alors le *provisoire*, toujours plein d'*incertitudes* et d'anxiétés, et inévitable sous toutes les formes de gouvernement, aussi longtemps que se perpétue la guerre à mort entre les conservateurs incorrigibles et impitoyables et les novateurs sans frein religieux, sans horreur de l'anarchie, du feu et du sang, alors le *provisoire* fera place au DÉFINITIF, fondé sur l'accord trop ajourné des croyances et des lumières. Alors s'ouvrira l'ère de l'association universelle, néo-chrétienne et républicaine, des peuples, laquelle réalisera, dans les limites des possibilités et des destinées humaines, le règne de Dieu sur la terre, c'est-à-dire le règne de l'ordre et du progrès, de la paix et du travail, sous l'inspiration de CELUI qui est l'éternel conservateur et l'éternel progressiste, l'éternel patron et l'éternel ouvrier reconnu enfin comme suprême dispensateur de la rémunération selon les œuvres, dans l'atelier infini de l'univers.

Les membres du Comité institué par Enfantin, pour l'exécution de ses dernières volontés : Arthur Enfantin, César Lhabitant, Laurent de l'Ardèche, Henri Fournel, Adolphe Guéroult.

Les lettres d'Enfantin à Charles Duveyrier, Eugène Rodrigues et Buchez, renfermées dans le volume que nous publions aujourd'hui, sont précédées en marge, dans le manuscrit, d'une note, de la main d'Enfantin, datée de Sainte-Pélagie, le 4 janvier 1833, et de laquelle nous extrayons ce qui suit :

« Ces lettres, dit Enfantin, sont très-curieuses, parce qu'elles indiquent le progrès du sentiment *femme* parmi nous et qu'elles soulèvent plusieurs questions capitales, particulièrement celles de *la vie éternelle* et celle de *Dieu androgyne*. Elles portent l'empreinte de l'imperfection du dogme à cette époque, spécialement dans l'hérésie de *l'à priori* SENTIMENT et *l'à posteriori* RAISONNEMENT. Il est remarquable qu'à cette époque, en introduisant, comme je le faisais, la femme dans la religion, la politique et la morale, par une forme rattachée à la *continence* chrétienne, j'étais combattu par Buchez qui voulait le célibat complet.

« Comme je le remarque plus loin dans une note, on verra que le sentiment qui nous arrêtait dans l'ornière chrétienne tenait à notre impuissance pour résoudre alors la question de la famille, de manière à concevoir la récompense selon les œuvres, le classement selon la capacité. Le célibat était la seule issue qui se présentât ; Buchez y donna tête baissée. Moi, cherchant toujours la solution, je pris pour juste milieu mon *nuage d'encens* qui depuis s'est évaporé devant la conception MORALE. »

Ce fut précisément cette *conception* qui amena la séparation d'Enfantin et de Bazard. Mais le désaccord ne porta que sur une théorie conjecturale, relative au règlement futur des rapports des deux sexes, conjecture hardie que son auteur avait eu soin de ne pas marquer du sceau dogmatique et de ne présenter que comme l'un des termes extrêmes entre lesquels la femme devrait aider à chercher la vérité ; conjecture restée ainsi en dehors du *credo* saint-simonien.

CORRESPONDANCE INÉDITE D'ENFANTIN

XLIIe LETTRE

A CHARLES DUVEYRIER

Août 1829.

Mon cher Charles, mon cher fils en Saint-Simon, mon cher frère en Dieu, je vais, selon toute apparence, partir dans une dizaine de jours pour visiter quelques-unes des chambres de garantie de la Caisse. Avant de quitter Paris, je veux vous écrire. Vous pensez bien que je ne fais pas ce voyage sans but de doctrine. Aussi vous dirai-je que je passerai à Lyon; que j'irai voir Thérèse (vous la connaissez), et enfin que j'embrasserai notre frère Resseguier, qui soupire, je crois, autant après moi que moi après lui. Je ne sais quand vous serez de retour à Paris ; mais si vous ne revenez qu'après mon départ, envoyez-moi de suite les dernières lettres de Thérèse. N'avez-vous pas aussi quelques morceaux qui ont été lus rue Taranne, l'un sur le développement historique (rédigé par moi sur des notes de Rodrigues), l'autre, sur les savants et sur leur méthode, encore par moi? Je ne vous parlerai pas ici de mon voyage. Quant à la Caisse, vous en causerez plus tard avec Rodrigues. J'ai autre chose de plus important à vous dire pour nous.

J'ai lu votre lettre à Eugène. L'affection que vous lui témoignez m'a fait le plus grand plaisir ; il en est bien digne, et, en disant cela, je crois dire beaucoup, parce qu'il faut, pour un cœur comme le vôtre, des perles, des diamants. Vous êtes tombé sur la mine, mon cher ami, et vous êtes réellement sauvé, puisque dans le siècle où nous sommes, à votre âge, si vous n'aviez pas rencontré la doctrine sur la route, vous vous seriez peu à peu glacé au degré de l'atmosphère critique qui nous enveloppe. La joie que vous avez éprouvée en recevant les nouvelles que nous donnait Eugène, la chaleur que vous mettez à commenter ses phrases, à prévoir les suites de l'événement dont il vous parle ; les conseils que vous lui donnez; toute votre lettre enfin est pleine de cette vive sympathie qui vous attache maintenant à vos nouveaux frères, et particulièrement à celui qui vous a fait faire de grands et rapides progrès dans la doctrine. Mais (vous deviez vous attendre à voir arriver ce *mais*) quoique je ne doute pas un seul instant que ce ne soit sous l'inspiration de la doctrine que cette lettre ait été écrite, j'ai un reproche à vous faire, ou plutôt, car le mot de reproche ne convient pas quand on réfléchit à l'*heureux* entraînement qui vous a fait parler un peu trop vite, j'ai à rectifier quelques-uns des passages de votre lettre, et pour cela, je commencerai par les derniers mots : *Eugène, qu'avez-vous fait de votre sœur?*

Eugène, avant d'avoir une sœur à sauver, en a des milliers qui gémissent et qui attendent quelque chose de lui. S'il laisse périr celle-ci malheureuse, *sans s'occuper des autres*, alors la peinture que vous faites de ses douleurs futures serait fort juste. De même, si le bonheur de toutes les femmes dépendait certainement, ou très-probablement même, de telle ou telle femme ; et si, de plus, dans ce cas, Eugène était de tous les hommes de la doctrine, celui qui pourrait le mieux polir et enchâsser cette pierre précieuse; alors il devrait y consacrer toute sa vie, il devrait recevoir pour *mission spéciale*, de la doctrine, le soin d'élever celle qui devait un jour *être bénie entre toutes les femmes;* et, pour accomplir cette mission, il y aurait encore à examiner quels sont les moyens qu'il serait le plus convenable d'employer; c'est-à-dire, si un amour *satisfait* (et je n'entends même, si l'on veut, par ce mot d'amour que le sens spirituel qui s'y rattache) produirait plus facilement le résultat désiré qu'un amour contrarié.

Mais avant d'aborder, en particulier, toutes les questions que je viens de soulever, je serais bien aise de m'arrêter sur une partie de votre lettre qui nous y préparera. Vous dites : « C'est « l'acte le plus dévoué dont vous soyez suscep- « tible vis-à-vis de la doctrine, quant à présent, « puisque c'est *le seul* qui ait le pouvoir de « vous délivrer des soucis et des peines person- « nelles qui vous rongent et vous attristent, « dans le sein même de la famille commune. » Où donc avez-vous pu prendre que *le seul* acte qui puisse donner la paix soit *la satisfaction* d'un sentiment? A ce titre, on pourrait dire que le seul acte capable de corriger un gourmand serait de donner satisfaction à sa gourmandise. On a la paix, quand on subordonne tous ses sentiments ou appétits *individuels*, aux sentiments et aux intérêts *généraux*, que chaque sacrifice des uns soit une victoire pour les autres, et par conséquent, grande joie pour l'homme dévoué lui-même.

Pour se délivrer de peines et de soucis, il faut savoir, avant toutes choses, si les peines et soucis que l'on éprouve viennent de ce que c'est la doctrine qui souffre, ou bien si elles tiennent seulement à ce qu'on est froissé par des circonstances à peu près indifférentes à la doctrine, et qui ne la touchent directement que par l'état de malaise où se trouve un de ses membres. Faites bien attention à ce mot que je viens de prononcer : *indifférentes*, et n'en faites pas une application particulière au cas actuel ; c'est un principe général que je pose, et nous verrons, plus tard, comment il doit être modifié quant à ce qui concerne Eugène. L'acte le plus dévoué que l'on puisse faire quand un appétit physique, intellectuel ou moral nous tourmente, c'est de se rendre maître de cet appétit, et non d'y succomber. Et ici je dois ajouter une chose que je dis pour vous aussi bien que pour Eugène qui lira ma lettre. Heureux l'homme aujourd'hui, qui, entrant dans la doctrine, et voulant y consacrer sa vie, n'a plus que des appétits *physiques* qui rappellent son individualité au siècle où nous vivons. Heureux l'homme qui n'est pas *amoureux*; heureux celui dont la personnalité *intellectuelle* n'est pas compromise avec le temps, c'est-à-dire qui n'a produit aucun ouvrage scientifique. Il serait plus heureux encore s'il était également *vierge* sous le rapport physique. Mais, je le répète, heureux celui qui n'a été défloré que sous ce dernier rapport, par notre époque d'individualisme; heureux, enfin, celui qui peut être tout entier, au moins moralement et intellectuellement, à la doctrine ou à Dieu.

En parlant ainsi, mon ami, votre père spirituel serait-il trop sévère à l'égard de l'amour, porterait-il dans les rapports de l'homme et de la femme un ascétisme exagéré? C'est ce que nous allons voir, et pour cela quittons Eugène, abordons la question générale, nous y reviendrons après avec plus d'autorité.

L'*homme et la femme,* voilà l'ÊTRE que Dieu a créé; l'*homme et la femme,* voilà l'INDIVIDU social.

Il y a deux espèces d'*unions*, celles des individus qui *sanctifient*, celles des individus qui *sont sanctifiés*.

Il y a, comme dans le christianisme, l'ORDRE et le MARIAGE, c'est-à-dire l'union dans un but SOCIAL et l'union dans un but de FAMILLE ; l'union *sympathique* et l'union *analytique ;* l'union des *directeurs* et celle des *dirigés.*

La femme est l'être sympathique *à priori;* l'homme est l'être sympathique *à posteriori;* tous deux unis forment l'individu complet, *actif* ou concevant, *passif* ou réalisant ; par l'une des facultés de cet être double, le *but* est découvert, par l'autre ce sont les *moyens ;* l'une conçoit l'*idée,* l'autre lui donne la *forme;* l'une *descend* de Dieu à l'humanité ; l'autre *remonte* à Dieu par l'humanité; l'une est éminemment *religieuse,* l'autre est éminemment *politique;* l'une vit dans le *grand monde,* l'autre dans le *petit monde;* toutes deux s'y plongent avec amour, et y rencontrent *la même limite,* c'est-à-dire Dieu ou l'infini.

Dans l'union des êtres *sanctifiant* comme dans celle des êtres *sanctifiés,* le but est le même, la REPRODUCTION ; mais quelle reproduction? La reproduction *sociale* d'une part, la reproduction *individuelle* de l'autre. Dieu dit aux saints :

« Une génération nouvelle va naître, et cette
« génération c'est mon fils, c'est mon sang, *non*
« *le vôtre;* c'est mon AMOUR, c'est la *création*
« de ma *pensée*. Vierges sacrées, prêtres dé-
« voués, qu'un nuage d'encens s'élève jusqu'à
« moi et *vous sépare;* une vierge pure n'en-
« fantera plus ce fils bien-aimé, mais *toutes* les
« vierges le porteront perpétuellement dans leur
« sein, *car le Seigneur seul sera leur époux;*
« vous aussi ministres des autels, vous aurez
« une compagne, une compagne digne de la
« grandeur de votre amour, vous serez aimés par
« *celle* qui m'aime; mais où est *la* femme qui
« m'aime à elle seule autant que toutes les fem-
« mes? Quelle est la voix qui me fait tressaillir
« d'amour, si ce n'est le son harmonieux de *tou-*
« *tes* ces voix aimantes qui m'adressent leurs
« prières? »

Une femme, quelle qu'elle soit, celle qui sera bénie entre toutes les femmes, ne sera jamais l'épouse du prêtre; elle sera l'ombre, le symbole imparfait de cette épouse adorée. La voix de la prêtresse résonne encore aux oreilles du fidèle, quand il sortira du temple pour rentrer dans ses foyers auprès de son épouse; mais c'est le *cœur* entier des femmes qui accompagnera délicieusement le prêtre dans sa demeure, et qui, dans la solitude même, le mettra en rapport d'amour avec le monde entier. C'est lui seul enfin qui frapperait son oreille et ferait battre son cœur, lorsque, sur les marches de l'autel, seul à seul avec la prêtresse et s'inspirant de son amour prophétique, il entendrait la voix de la sybille lui révéler les espérances de TOUTES les femmes, c'est-à-dire celles de l'humanité.

Les deux formes musicales adoptées par l'Église sont éternelles; il n'en existe pas d'autres vraiment parfaites, *un* et *tous* sont deux mots caractéristiques comme analyse et synthèse, et qui ont une *influence* et une *raison* profondes, un *résultat* et un *principe*, un *effet* et une *cause* sur lesquels on ne saurait trop réfléchir.

Oui, le prêtre et la prêtresse sont mariés avec *tous* et non avec *un*, comme les individus dont ils sanctifient l'union sont mariés avec un; car les premiers doivent concevoir et engendrer la *société* et les autres la *famille*. Le prêtre et la prêtresse sont *célibataires*, et c'est *par cela seul* qu'ils peuvent sanctifier le *mariage*, celle-ci en prêchant le bonheur d'*aimer*, l'autre en passionnant pour tout ce qui peut faire que *nous soyons aimés.*

Le vœu de chasteté *dans le mariage* est une transaction bâtarde et impie, qui ne peut être justifiée qu'à une époque critique, où un homme et une femme, dignes d'être *ordonnés,* ont été simplement *mariés,* parce qu'on ignore ce que c'est que l'ordre, et cette transaction ne peut être justifiée que lorsque l'engagement *selon le monde critique* a été pris *avant* que les conjoints aient eu conscience de l'ordre ; je dis que cette transaction est bâtarde, parce que tout homme qui éprouve *des sympathies* d'amour *individuel,* quand bien même il maîtriserait les appétits de cet amour, serait dans une fausse position pour s'occuper des sympathies et des appétits SOCIAUX. Il faut avoir le *cœur* et l'*esprit* (aussi bien que la *chair*) libres des besoins individuels pour être un homme général, c'est-à-dire un homme divin, un prêtre.

La jalousie est une conséquence obligée de l'amour *individuel ;* aussi est-ce le sentiment que le prêtre aura toujours le plus à combattre dans le mariage des fidèles, et il le combattra en défendant les actes qui pourraient le faire naître, comme la prêtresse le combattra en excitant, en développant les *sentiments* d'affection et de confiance qui l'empêchent également de jeter de profondes racines. Le prêtre et la prêtresse ne devront donc pas être en position d'éprouver ce sentiment l'un à l'égard de l'autre.

Ceci me ramène à ce que j'ai osé faire dire à Dieu tout à l'heure : qu'un nuage d'encens s'élève jusqu'à moi *et vous sépare*. Oui, un voile mystérieux, un nuage divin doit s'élever entre le prêtre et la prêtresse ; toute la société, Dieu tout entier, doivent se trouver entre eux, pour qu'ils puisent sans cesse en elle ou en lui, dans les besoins de l'un, dans la volonté de l'autre, toute la force d'expansion dont ils ont besoin, *et qu'ils épuiseraient l'un dans l'autre* inutilement si cet intermédiaire venait à disparaître. Je m'explique : est-il un bonheur plus grand que celui qu'on ressent à communiquer à *une* personne qu'on aime, les sentiments qu'on éprouve, les idées qui nous occupent. Oui et non : non, si ce mot *une personne* est symbolique, métaphysique ; oui, s'il doit être pris au propre. Le plus grand bonheur, pour un prêtre, c'est de communiquer *avec l'humanité* et non avec *une* personne, fût-elle la plus raisonnable de toutes les créatures. En d'autres termes, faire l'éducation *d'une* personne qu'on aime, ou être l'*unique* élève d'une personne qui nous aime, c'est un bonheur très-grand pour un homme qui est placé au point de vue de *la famille,* et celui-là fait très-bien de se marier, c'est son lot ; mais quand on veut élever l'humanité, la régénérer, quand on veut se renouveler soi-même par elle et pour elle, il ne s'agit plus d'embrasser cette mission spéciale, étroite (quoiqu'elle soit parfaitement sainte), à laquelle est vouée la masse des fidèles.

Plus on est élevé, plus on sent qu'il existe quelque chose de plus grand aux yeux du clergé que le clergé lui-même : c'est le clergé *et les fidèles.* Il y a pour le pape lui-même quelque chose de plus grand qu'un pape ; mais lui seul sent cela, parce que lui seul est assez élevé pour sentir sa propre faiblesse, lui seul se proclame et sent qu'il est réellement le *serviteur* des serviteurs de Dieu, et cependant tous le regardent ; comme leur chef, comme un père qui leur donne la vie ; plus on est grand enfin, plus on sent le besoin de s'appuyer sur TOUS, et de même plus on aime, plus on sent le besoin d'aimer tout ce qui nous entoure, et de ne pas fixer son amour, ici, là, sur telle personne, dans telle époque, dans des limites bornées d'*être,* de *temps* ou d'*espace.* — De tout ce qui précède résulteraient les propositions suivantes que je vais reproduire dans l'ordre inverse de l'exposition.

Le clergé, homme ou femme, est uni à *tous* spirituellement, sentimentalement et matériellement ; car c'est dans cette union qu'il puise la force au moyen de laquelle il pousse l'humanité dans ces trois directions.

Le prêtre et la prêtresse sont *unis* par le sentiment d'un but commun, savoir : la *prévision* ou *conception*, la *préparation* ou GÉNÉRATION de l'ordre social futur, du *nouveau-né de l'humanité.*

Cette union ne doit jamais perdre son caractère de généralité en revêtant celui de *famille.*

Et réciproquement le *mariage* qui, par la continence, prétendrait remplir les conditions *de l'ordre,* est une transition bâtarde.

Le prêtre et la prêtresse sont donc célibataires par nécessité et par choix; par nécessité, *pour éviter le rappel à la famille*[1] *;* par choix, puisque leur famille, c'est l'humanité.

1. C'est ici que se trouve l'explication nette du faux point de vue où nous étions alors placés. La crainte de retomber dans les exigences despotiques de la *famille du sang* nous avait poussés jusqu'à la limite chrétienne, le célibat; réaction

Le prêtre et la prêtresse se divisent le travail sentimental sous les deux formes *actives* et PASSIVES, de *but* et de MOYENS; l'une parle au désir d'*aimer*, l'autre au besoin d'*être aimé*.

Tous deux *sanctifient* l'union *individuelle*, parce que tous deux sentent et représentent l'union *sociale*.

Il y a donc toujours distinction à établir entre l'ordre et le *mariage*, entre le *prêtre* et le *fidèle*.

La division du travail dont je viens de parler est l'expression de la volonté de Dieu qu'il nous a révélée en créant un être double, l'homme et la femme, doué, dans ses deux moitiés, des mêmes facultés, mais à des doses différentes ; différence qu'elle-même tient au double point de vue auquel, dans l'exercice de chacune de ses facultés, l'être humain peut se placer.

Maintenant continuons ces idées, dans l'ordre

sublime, dans son *exagération* même, contre la patriarchie de Melchisédech. C'était le pas que nous devions faire pour arriver à la solution des trois familles. Au reste, ces idées restèrent dans l'élaboration intérieure et ne furent même remuées que par Eugène et Charles avec moi, et aussi par Buchez et ses acolytes. Bazard et Rodrigues y prenaient peu de part, Bazard occupé de ses *enseignements*, et Rodrigues de ses *affaires*. (Sainte-Pélagie, 4 janvier 1833.)

que je viens de leur donner, en remontant encore, au moyen des faits historiques.

Ce dualisme de création qui tient au *priori* et au *posteriori,* a été résolu *par le péché originel,* commis par les désirs d'Ève, désirs qui lui ont fait goûter *la première* le fruit de l'arbre du bien et du mal. Tant que ce désir a été regardé comme la source d'un *péché,* il est évident que la femme a dû être subalternisée ; l'une de ces idées est réciproquement la conséquence de l'autre, et, sans établir laquelle des deux a donné naissance à l'autre, on peut dire qu'en fait, jusqu'à nous, la femme a été considérée d'abord comme un instrument de perdition, plus tard comme un obstacle au salut, toujours comme l'occasion d'une chute.

Or, vous savez, mon cher Charles, que le caractère *particulier* du christianisme, quoiqu'il ait puissamment amélioré le sort des maîtres, a été d'affranchir les esclaves. Vous avez vu aussi comment Eugène a démontré dans une lettre à Resseguier, que, malgré les progrès que vont faire, par Saint-Simon, la *morale* et le *dogme,* c'est par les immenses développements du *culte* que l'avenir se distinguera du passé ; et l'on peut dire, en termes généraux, que chaque régénération sociale, quoiqu'elle ne soit à la rigueur qu'une *transformation*, présente toujours en réalité une *création*, pour ainsi dire toute nouvelle ; et, réciproquement, que certains éléments de *rétrogradation meurent* à jamais. Ainsi l'industrie, comme pouvoir politique, est un fait moderne, en germe dans le christianisme et qui dans l'avenir fructifiera ; tandis que l'esprit de conquête a été blessé à mort par l'Évangile, et expirera complétement sous nos coups.

Eh bien, de toutes ces destructions et créations, la plus grande, la plus féconde, celle qui nous donne le mieux conscience de notre avenir et du passé, c'est celle qui nous servira à résoudre, autrement que les chrétiens et les juifs, *le péché originel*, parce que c'est là le premier fait humain, la préface du livre que Dieu a écrit pour nous, la prophétie du sublime dénoûment que nous espérons.

C'est encore par les mains d'une femme que le *nouvel Adam* régénéré par Saint-Simon recevra le fruit de l'arbre de la toute-science, car c'est par elle qu'il sera *conduit* vers Dieu, comme les chrétiens croyaient qu'elle l'en avait *éloigné*. Elle continuera de remplir cette douce mission *civilisatrice* qu'elle a si habilement, si tendrement exercée pendant la durée des siècles ; car c'est elle qui fuyait la guerre et les combats ; c'est pour elle et par elle que l'homme qu'elle aimait a senti le besoin de la paix ; c'est en elle qu'il trouvait sa consolation et ses espérances, et par conséquent le sentiment d'un meilleur avenir, l'oubli des maux du passé, et le dégoût pour les causes de ces maux. Oui, mon ami, c'est pour que l'homme puisse s'élever jusqu'à lui, que Dieu a donné à l'homme une compagne ; c'est pour sanctifier un jour la *force* qu'il l'a jointe à la *douceur ;* pour détruire les formes de l'*égoïsme,* Dieu a voulu que l'homme éprouvât le *besoin d'être aimé* par une créature plus tendre, plus dévouée que lui. Les juifs s'écriaient dans leurs prières : Grand Dieu, je te remercie de ne pas m'avoir fait femme ; tandis que les filles d'Ève soupiraient avec amour cette délicieuse action de grâces : Grand Dieu je te remercie de m'avoir faite comme tu as voulu. Dieu punira l'orgueil de l'homme, *comme il l'a toujours puni,* c'est-à-dire avec sa bonté infinie ; il le punira, en récompensant l'humble soumission de l'être qui, *le premier,* adora sa volonté, *quelle qu'elle fût ;* il le punira, en augmentant son bonheur et sa reconnaissance, car le châtiment sera un nouveau bienfait ; Marie est déjà venue consoler *les femmes* en donnant *aux hommes* un sauveur ; elle a vengé Ève des mépris que sa désobéissance à la loi *de crainte* lui avait attirés ; seule avec Dieu, elle a *conçu la loi d'amour,* mystérieuse prophétie de l'ordre social futur.

Telle est, mon cher Charles, la base sur laquelle devra s'appuyer l'expression passionnée du développement constant de l'humanité ; comme le judaïsme et le christianisme, nous devons remonter jusqu'au premier fait social, et là où Moïse et Jésus lui-même ont montré *une chute*, nous devons faire voir le PROGRÈS : nous devons remonter, comme eux, à Adam et Ève, car avant toutes les distinctions de races, de castes, d'esclaves, de travailleurs, d'oisifs, de guerriers, de pacifiques, il en existe une à laquelle Dieu *a dû* rattacher toutes les autres, il en est une qui doit être la source première de tout ce qui est humain, c'est celle des *deux sexes*. C'EST PAR L'AFFRANCHISSEMENT COMPLET DES FEMMES que sera signalée l'ère saint-simonienne ; ce sont elles qui contribueront *le plus* à son installation, et qui la maintiendront avec *le plus de puissance*, qui la perfectionneront avec *le plus* d'ardeur.

Quoi, direz-vous, la femme sera-t-elle donc plus puissante que l'homme? Oui, religieusement; non, politiquement; oui, quand il s'agira de rappeler *le but*; non, quand il faudra concevoir et diriger *les moyens* de l'atteindre; oui, comme sybille *révélant* l'avenir; non, s'il faut exécuter le mouvement social qui doit le *réaliser*: et en fait, oui, la femme sera plus puissante que l'homme, car la force n'a été donnée à l'homme que pour élever plus haut que lui tout ce dont il veut être aimé.

Ne craignons pas d'être injustes pour l'homme; successeurs du christianisme, vainqueurs du militarisme, ferions-nous moins pour les vivantes images de Marie que n'ont fait ces chevaliers bardés de fer, couverts de sang? La loi du progrès social, la main de Dieu fera-t-elle descendre de son trône la reine des cours d'amour? Et les vainqueurs de nos tournois industriels, où trouveront-ils des mains plus pures, plus dignes de les couronner que celles de la dame de leur pensée? Eh! pour qui l'homme aimera-t-il jamais la gloire, si ce n'est pour Dieu d'abord, mais ensuite pour qu à son nom le cœur de toutes les femmes batte plus vite. Non, il n'y a pas injustice de notre part, en élevant si haut celles dont nous attendons tant de bonheur ; je dis plus, le calcul le plus intéressé, l'égoïsme, la partialité la plus exagérée accueilleront avec ardeur l'idée *de se soumettre* à celles dont le bonheur est *d'obéir*.

La femme, type *de l'amour*, comme l'homme est celui de *la gloire*, présidera plus *que jamais* à nos travaux, à nos plaisirs, puisque tous seront pacifiques, puisque aucun d'eux ne sera ensanglanté. Elle y présidera parce que partout où se montre la *force*, c'est la *douceur* qui doit dominer, parce que partout où *l'égoïsme* lui-même serait nécessaire, le dévouement doit surveiller son emploi ; enfin, parce que là où la *gloire* pourrait enfanter l'*orgueil*, l'*amour* seul peut rappeler à l'*humilité*.

Maintenant que vous connaissez ce que j'espère pour les femmes, et ce que j'attends d'elles pour la doctrine qui vient leur donner la place que Dieu leur avait assignée, il me sera plus facile de m'expliquer clairement sur le fait particulier qui a été l'occasion de cette lettre et de celle que vous avez écrite à Eugène.

Ce que la doctrine peut le plus vivement désirer aujourd'hui, c'est d'agir sur des femmes, car voilà *les pauvres pécheurs* de qui va dépendre le salut de l'humanité.

Eugène et Olinde, plus heureux que nous tous, ont trouvé dans leur propre famille de jeunes âmes qui ont compris la parole de vie, mais ni l'un ni l'autre n'a cru avoir accompli sa tâche sous ce rapport ; tous deux savent qu'ils ont un avenir devant eux, et qu'ils auront à rendre compte des efforts qu'il leur reste sans cesse à faire pour chercher les épouses du Seigneur, pour les lui amener dans son temple.

Eugène pense avoir rencontré une de ces vierges saintes, et je suis loin de croire qu'il s'aveugle dans l'espoir qu'il fonde sur cette précieuse élève. Mais notre premier devoir à nous, comme premiers disciples de Saint-Simon, comme frères d'Eugène, est de lui rappeler, non pas ce que son cœur pourrait *oublier*, mais ce qu'il pourrait CONFONDRE, notre devoir est de distinguer, autant qu'il est en nous, le fait individuel du fait social, car vous savez que la mission des prêtres est de faire converger l'un vers l'autre ces deux principes *secondaires* de l'activité humaine. Notre devoir, en un mot, est de nous prêcher *Dieu* les uns aux autres, surtout dans les occasions où l'*homme* semble pouvoir se faire impérieusement entendre : nous devons nous dire : *Memento homo quià divus es, et in divinitatem reverteris.*

Ainsi, dans cette circonstance si importante pour la vie des gens, voilà ce que la doctrine lui dit par ma bouche.

Mon frère, une femme vous a paru capable de chanter les louanges de Dieu, c'était à vous d'accorder sa lyre, vous en avez fait votre disciple, et vous la jugez digne aujourd'hui de s'unir à vous par le lien de l'*égalité,* par le saint nœud de l'*ordre,* car vous croyez puiser vous-même en elle de nouvelles inspirations pour accomplir votre tâche terrestre. Mais des obstacles s'opposent à vos projets et vous souffrez, et votre disciple languit loin de vous, privée de la parole du maître ; et vous-même vous n'entendez pas cette voix qui doit donner une nouvelle force à la vôtre. Vous gémissez dans le sein de la famille commune, veuf à l'avance des inspirations que vous désirez. Dans un pareil état nous ne vous dirons pas, comme des chrétiens, Eugène n'est donc pas prêt à la mort ; nous vous demanderons *si la vie* est réellement en vous, si vous êtes dans l'état où le Seigneur veut voir sa milice.

Soyez-en sûr, tout désir brûlant, quand c'est *la doctrine* qui l'inspire, ne saurait porter le désordre dans le cœur et dans l'esprit, il ne saurait accabler le prêtre et le détourner de ses travaux, il doublerait plutôt son ardeur. Que si vous souffrez, chantez les souffrances de l'humanité, comme vous chanteriez ses joies si votre âme nageait dans l'espérance; mais que votre voix (Dieu la réclame) ne cesse pas de se faire entendre, car le *silence*, c'est le supplice que Dieu infligera un jour au prêtre qui n'aura pas vivifié le monde par la *parole* du Seigneur.

Mon cher Charles, ce n'est pas Eugène que je combats ici, c'est vous.

Eugène n'a jamais pensé que son amour, quel que soit le sort qui l'attende, puisse l'empêcher d'avancer dans la voie du salut; et il a fait ses preuves sous ce rapport. Depuis un an, il a travaillé autant et plus que la plupart d'entre nous, et peut-être ne vous tromperiez-vous pas si vous bénissiez, pour le bonheur que vous donne aujourd'hui la doctrine, les circonstances dans lesquelles Eugène s'est trouvé depuis le voyage de Grenoble; peut-être si elles avaient été différentes, seriez-vous encore enterré dans les profondeurs de la liberté de conscience et du système représentatif. Eugène sait bien qu'il ne nous appartient plus de nous dire heureux ou malheureux par *une* sympathie, quand nous avons *la grande* sympathie qui a absorbé tout notre amour, et vers laquelle nous rapportons avec joie tous nos plaisirs aussi bien que toutes *nos peines* d'un jour; il sait que si les conditions sociales auxquelles Dieu nous a soumis étaient un obstacle à l'union qu'il désire, ce serait une raison de plus pour changer plus rapidement ces conditions sociales qui pèseraient en particulier si péniblement sur lui, et il demanderait à Dieu de nouvelles forces pour faire que bientôt tout homme aimant puisse s'unir à l'âme qui doit compléter son existence.

Mais, peut-être Eugène lui-même n'a-t-il pas compris assez la profondeur des vues de Dieu; peut-être ne s'est-il pas assez rappelé que les initiateurs de l'humanité ont toujours à souffrir de leur prescience, et que Dieu ne donne la palme du martyr que pour la conversion des bourreaux; peut-être n'a-t-il pas songé que pour affranchir les femmes il faut qu'il y ait des âmes passionnées qui souffrent de leur esclavage : ceux d'entre nous, mon ami, qui auront le plus à souffrir *de la misère*, sont sans doute ceux que Dieu a choisis pour provoquer le plus vivement la venue du régime industriel ; ceux qui seront continuellement blessés dans *leur amour*, ce sont les instruments dont Dieu se servira pour faire régner *son amour ;* ceux enfin qui, maîtres *de la science*, seront méprisés comme Saint-Simon, ou même poursuivis avec acharnement, comme nous le serons par les savants de nos jours, c'est à eux que Dieu révèlera particulièrement toute la science des générations futures.

Tout homme qui aime réellement, dans notre époque, touche le seuil de la doctrine, car il est destiné à souffrir par le monde critique qui l'entoure : il sera bientôt l'un des élus de Dieu, car sa voix appellera l'avenir, avec d'autant plus de force, que l'air manque autour d'elle ; et cet être vivant, ayant horreur de la mort, secouera avec d'autant plus de vigueur le cadavre auquel il est attaché. Mais que le malheureux prenne garde de faire des transactions avec la mort, qu'il n'aspire pas cet air épais, empesté qui l'environne ; qu'il craigne de sacrifier aux dieux de la critique pour obtenir les faveurs du Dieu de l'avenir.

Nous l'avons souvent dit, heureux le disciple

de Saint-Simon dont le pain est assuré, sans travail ; heureux encore celui qui, se condamnant à une fonction de machine, pendant quelques heures du jour, peut donner à Dieu le reste de sa journée ; mais ne cessons pas de gémir quand nous voyons une forte intelligence condamnée à vivre sans avoir le temps de prier : pleurons donc, si nous aimons la doctrine ; quand nous verrons Eugène s'enterrer tout vivant, pendant quelques années, à six cents pieds sous terre, se forgeant lui-même la chaîne qui doit lier sa langue et son bras. Dans une position à peu près semblable, absorbé dans les embarras de la caisse hypothécaire, et bientôt, je l'espère, encore occupé par des travaux en dehors de la doctrine, le frère d'Eugène, notre cher Olinde, peut dire avec raison Dieu l'a voulu ainsi. Je me soumets avec Olinde, je le blâmerais même s'il oubliait que Dieu n'a pas voulu lui faire connaître plutôt l'avenir ; mais si je bénis la main de Dieu qui a agi, avec la science infinie, que ma science imparfaite ne saurait critiquer sans *absurdité*, et dont ma justice bornée ne saurait casser les arrêts *sans blasphème*, si je m'incline respectueusement et *avec amour* devant le passé, la doctrine m'a dit aussi que

Dieu a fait de l'homme un agent libre de sa destinée.

Si dans la disposition d'esprit et de cœur où Eugène se trouve aujourd'hui placé, il lui est plus facile qu'à nous de concevoir *les avantages* qui pourraient résulter de la réalisation de ses espérances, nous sommes plus capables que lui de prévoir les *inconvénients* qui doivent l'accompagner dans cette route à laquelle il s'abandonne plus facilement, disons le mot, avec moins de réflexion que nous. Notre devoir à nous, comme à vous, mon cher Charles, est, même en bénissant son union et en l'accompagnant de nos vœux, de lui rappeler sans cesse la mission *générale* qu'il a reçue, pour le tenir en garde contre les tentations de l'esprit de *famille*, ange tutélaire, fidèle, mais vrai démon pour le prêtre. Nous ne devons pas nous exposer à ce qu'Eugène puisse un jour nous reprocher d'avoir oublié notre rôle de frère, de lui avoir dissimulé nos craintes, de ne pas l'avoir éclairé sur des dangers que son amour devait l'empêcher de prévoir. Cependant je me garderais, en pareille circonstance, de prononcer un jugement au nom de la doctrine, de provoquer une décision d acr é collége, sur un fait qui, aujourd'hui, doit être entièrement laissé à l'arbitraire de la personne intéressée, et c'est ici que je peux reprendre cette épithète d'*indifférente* que j'avais appliquée, au commencement de cette lettre, à certaines actions analogues à celles dont il s'agit. Rien de ce qui est humain ne nous est étranger, ne nous est *indifférent,* à plus forte raison lorsqu'il est question du bonheur de l'un de nos frères; toutefois, nous pouvons nommer *indifférents* les faits sur lesquels la doctrine peut ou doit se dispenser de prononcer aujourd'hui; c'est-à-dire ceux que l'ordre social, dans lequel nous vivons, ne nous permet pas d'envisager sous toutes leurs faces. Ainsi, dans le cas actuel, comme il nous est impossible de juger si la femme à laquelle veut s'unir Eugène est digne d'occuper un aussi haut grade que celui dont il est revêtu dans la hiérarchie saint-simonienne, nous devons nous abstenir de les *ordonner*, et plus encore de prononcer un *veto*, force nous est de nous en rapporter à Eugène, c'est-à-dire aux lumières *individuelles*, là où plus tard ces lumières, tout à fait insuffisantes, ne seront considérées que comme une *probabilité* nécessitant un examen, des épreuves, des travaux, une initiation progressive, *constatée par l'Église*. Personne de nous, sauf Eugène (partie intéressée), n'a pu *confesser* la prêtresse future; personne de nous, la main sur la conscience, ne pourrait dire : Eugène tu n'éprouveras jamais de regrets. C'en est assez pour ne pas se prononcer. Mais dans une pareille indécision, il nous reste, je le répète, un devoir à remplir, c'est lui qui m'a fait prendre la plume; il nous reste à fixer l'attention d'Eugène sur les inconvénients d'une chose dont il doit inévitablement considérer avec un plaisir *tout particulier* les avantages ; nous le devons, car aucun acte de sa vie n'exigera autant de réflexions. Aussi, loin de lui dire, comme vous, marchez, quittez *tout* pour une seule chose, individualisez-vous ; nous le prierons de se rapprocher, plus que jamais, de ses frères, de prendre du temps pour acquérir lui-même des preuves plus certaines de l'*utilité* de l'union qu'il *désire*, de *vérifier* avec calme les *inspirations* de ses sympathies, de considérer, plus qu'il ne l'a fait, du haut de la chaire, une personne qu'il n'a vue, pour ainsi dire, qu'à travers la grille du *confessionnal*. Loin de jeter de l'huile sur la flamme qui l'échauffe et pourrait le consumer, nous appellerons sur elle les rosées de la doctrine, nous lui ferons sentir qu'à son âge quelques années encore d'*espérances* ne seraient pas réellement perdues ; qu'il pourra même, selon toute apparence, les employer par des voies indirectes à continuer l'initiation d'H...., à s'assurer de sa persévérance et de ses progrès, à confirmer l'espoir brillant qu'il a fondé sur elle ; mais nous lui dirons surtout de ne jamais perdre de vue, quel que soit le dénouement de ce projet, que le pontife ne demande à la sybille que la révélation des destinées sociales ; nous ajouterons même qu'il ne mérite pas le nom de prêtre, si, au moment même où le son divin vient de frapper son oreille et de pénétrer jusqu'à son cœur, il ne s'élance pas pour ouvrir les portes du temple aux fidèles, s'il s'oublie à genoux devant le trépied sacré, au lieu de se relever de suite avec enthousiasme pour entonner l'hymne dont une voix prophétique vient de moduler les accords.

En voilà, je crois, assez, mon ami, pour vous et pour notre cher Eugène, j'espère que l'un et l'autre vous m'aimerez encore mieux après avoir lu cette lettre. C'est comme cela que je saurais si j'ai parlé au nom de Dieu. Mon fils, votre frère vous embrasse.

P. E.

XLIIIe LETTRE

A RESSEGUIER

Lyon, 22 août 1829.

Décidément me voici en route, cher frère ; cette fois-ci je ne vous manquerai pas et nous n'avons plus à nous occuper maintenant que de nous voir le plus possible. J'ai affaire pendant quelques jours à Carcassonne, et je vais à Foix passer encore deux ou trois jours ; enfin, j'arrive pour me reposer six ou huit jours au plus chez vous, tout cela fait quinze jours que nous pourrions passer ensemble au lieu de six ou huit, si vous vous bornez à m'attendre ; or, quinze jours ne sont pas encore assez longs pour tout ce que nous avons à nous dire. Venez donc me faire les honneurs du pays à Carcassonne, nous nous promènerons ensemble jusqu'à Foix, causant doctrine, et reviendrons ensemble voir vos champs et faire vos vendanges, si vous avez du vin chez vous, ce que j'ignore. Écrivez-moi à Romans de suite chez M. Nugues, si cet arrangement vous convient; je vous répondrai du même endroit en vous fixant le jour de mon arrivée à Carcassonne. Dans tous les cas j'aurais besoin, si vous ne pouviez faire ce joli petit voyage (supposition que je n'aime pas faire) que vous me donnassiez, si vous connaissez quelqu'un à Carcassonne et à Foix, des lettres d'introduction que vous m'enverriez à Carcassonne, le jour que je vous indiquerai. Je vais vous dire au reste l'affaire qui me retiendra dans cette ville, parce que vous même la connaissez sans doute, et pourrez peut-être me donner des renseignements, en votre qualité d'agriculteur, renseignement qui me seraient doublement précieux si vous venez avec moi sur les lieux.

J'ai besoin de savoir au juste ce que sont, ce que valent, ce que produisent les terres défrichées près de Carcassonne par une Mme L....., si elles pourraient facilement se diviser, comment on les vendrait, combien il s'en défriche chaque année de nouvelles, etc., etc.: comment sont les baux, que sont les fermiers, enfin des renseignements sur le matériel et le personnel de toute cette grande et belle entreprise.

Vous voyez que, quand bien même vous ne connaîtriez pas déjà cette affaire *de visu*, votre secours me serait très-utile pour ma mission ; vous ne me le refuserez pas, et vous arrangerez, pour venir avec moi ; c'est votre frère qui vous prie, c'est presque un ordre de votre père.

Je presse tant que je peux pour être plus vite près de vous ; j'ai brûlé Nevers en deux jours, je pars après-demain pour la Tour-du-Pin, qui me retiendra au moins huit jours ; j'en passerai cinq ou six dans ma famille à Curson, et ensuite je volerai par Montpellier à Carcassonne pour vous embrasser.

Ce qui me fait encore plus désirer de vous voir à Carcassonne, c'est que je veux être quelquefois seul avec vous, et que chez vous ce sera impossible ; je veux être seul parce que nous marcherons, en six jours de tête-à-tête, plus vite qu'un mois en grand cercle, où tout le monde n'est pas, à beaucoup près, aussi avancé que vous. Nous avons aussi un bon nombre de morceaux pour lesquels il ne vous faut donner qu'un bon coup de dent pour les avaler, et que d'autres seraient encore obligés de mâcher quelques temps.

Adieu, j'ai beaucoup à écrire aujourd'hui,

vous vous en apercevrez aux formes de ma lettre. Je vous embrasse.

P. E.

XLIVe LETTRE

A EUGÈNE RODRIGUES

Lyon, 5 septembre 1829.

J'ai reçu à la Tour-du-Pin votre papier, mon cher Eugène ; mais j'ai regretté que vous n'ayez pas eu le temps d'y joindre quelques mots, de me donner des nouvelles de l'Église. J'espère trouver dimanche, à Curson, beaucoup de choses de vous, d'Olinde et de Margerin, au moins de deux d'entre vous.

J'ai à vous parler longuement de votre lettre à Duveyrier.

D'abord je crois qu'il faut mettre plus de *calcul* que vous n'en mettez en employant de vieilles formules, non pas pour Duveyrier ; mais comme ce que nous écrivons doit pouvoir être lu à d'autres, et à d'autres moins avancés que Charles, il faut prendre garde de donner lieu à de fausses interprétations, et par exemple vous dites : « Parlez à Mme de Roissy du songe de Jacob renfermant l'histoire de la race humaine. » Je n'ai pas bien présent le songe de Jacob, mais je ne peux pas concevoir comment l'histoire de la race humaine a pu être conçue par Jacob. Je crois que malgré notre désir de lier le passé et l'avenir, nous devons nous défendre de trouver dans le passé tout l'avenir et que le dicton : « Il n'y a rien de neuf sous le soleil, » quoiqu'il paraisse vrai dans le fond, est tellement faux dans la forme, que nous ne saurions trop nous garder de prêter le flanc aux individus disposés en général à nous prendre pour des juifs ou des chrétiens. Si ceci n'était qu'une critique de style, j'y tiendrais peu, mais cela se rattache à une erreur fondamentale que j'examinerai plus tard; arrivons à une autre chose.

Tout ce que vous dites sur le lien du prêtre et de la prêtresse, le plus unitaire de tous, parce que l'un et l'autre sont, au point de vue de *l'ensemble* et des *détails*, de l'éternité et du temps, du *priori* et du *posteriori*, n'est pas clair du tout. — Le prêtre et la prêtresse sont au point de vue de la théorie, de la *pratique,* mais non de l'ensemble et des *détails :* c'est toujours au point de vue de l'ensemble qu'ils sont ; ils voient ce qu'il y a de *général* dans la théorie et dans la pratique, ils ont les pensées *générales* et dirigent les *actes* généraux, parce que par-dessus tout ils éprouvent des sentiments généraux : c'est pour cela qu'ils sont ce que vous dites, des résumés ; tout le monde est placé au point de vue de la théorie et de la pratique ; mais les uns voient du haut d'une borne, les autres du haut d'un tertre, d'un monticule, d'un coteau, d'un pic, d'une montagne ; enfin un être double, placé sur le sommet du Chimboraçao, voit les masses humaines s'agiter d'*ensemble,* mais il ne voit pas les *détails,* ce qui serait impossible et inutile ; Dieu y a pourvu.

Si l'application de cette formule, *ensemble* et *détails,* était juste, dans le cas actuel, il faudrait de toute nécessité en conclure le mariage : es enfants, le ménage, etc., etc., ce qui décidément est absurde ; il faudrait en conclure l'amour *en détail,* les petites causeries si douces, les petits calculs de famille, la *monomanie* du sentiment et la maisonnette du curé à côté de l'église, ce qui est absurde. Il faudrait enfin en conclure, ce qui vous tient toujours au cœur, ce que vous n'osez pas trancher, l'*individualité* de certains êtres dont tout le mérite est précisément de ne jouir individuellement que du collectisme.

Je reprends la comparaison que vous faites des hommes *généraux* avec Dieu, des hommes d'un temps avec l'être éternel, et je dis : de tous les êtres, il n'y en a qu'un qui soit en même temps placé au point de vue des généralités et des détails, c'est Dieu. Tout ce qui vit est un chaînon de cette chaîne infinie, éternelle, un chaînon plus ou moins rapproché de l'une ou de l'autre des extrémités ; d'où il résulterait, suivant vous, que les chaînons du *milieu* seraient le pape et la papesse, tandis que je prétends, moi, qu'ils sont placés au bout de la chaîne du côté des *généralités,* comme le fidèle obscur, plongé dans la *spécialité* la plus étroite, est à l'autre extrémité. Le premier *aime* la *société,* la science *sociale, fait* la *politique,* comme le second aime sa *profession.*

Ceci est toujours la fameuse question de la *quaternité,* et, pour la résoudre *trinitairement,* il ne faut pas oublier que, du point de vue politique, la première sous-division à faire dans l'humanité est binaire comme toutes les sous-divisions et s'exprime ainsi : *Gouvernants* et *gouvernés,* hommes *généraux,* hommes *spéciaux, politiques* en *gros* et *politiques* en *détail.*

Vous finissez votre lettre en disant à Charles que ses doutes doivent être actuellement levés ; et je trouve, au contraire, que s'il s'est plaint de mon obscurité quant à la question des enfants, le voile qui vous entoure est encore plus épais que le mien pour ce qui concerne l'individualité à craindre dans l'union du prêtre et de la prêtresse. Et ici je reprends ma critique de style dont je parlais plus haut. Qu'entendez-vous par : « Vous êtes purs comme des *anges* » et leurs amours leur sont seuls connus. Les anges saint-simoniens n'aiment jamais *un,* voilà ce qui constitue leur pureté. Il en résulte bien qu'ils n'ont pas d'enfants ; mais ce n'est pas seulement parce qu'ils n'ont pas d'enfants qu'ils sont anges et purs, c'est parce qu'ils ne sont pas *individuels.* Vos anges sont toujours des anges catholiques qui ne sont purs que parce qu'ils ont foulé aux pieds la partie de l'égoïsme qui correspond à l'idée de matière ; nos anges devront fouler aux pieds tout individualisme, et la réhabilitation de la matière ne fait rien à cela. Car nous ne mettons pas les industriels réhabilités par Saint-Simon en tête de la société. De même, quoique nous ayons réhabilité l'égoïsme aussi bien que l'industrie, puisque les hommes mêmes qui auront les sympathies les plus immédiates ne seront pas considérés comme les enfants de *mauvais principes*, puisque nous saurons tirer parti de l'amour des jouissances terrestres, présentes, passagères, en le faisant tourner au profit des jouissances éternelles, nous n'en concluons pas pour cela que ce soient les hommes d'un jour qui doivent diriger les peuples. Or, c'est là tout le problème de l'organisation sociale.

Pourquoi employer ces mots barbares *virtualité acquise,* quand vous en avez un bien clair, bien net, bien compréhensible, *éducation*? Mais alors tout votre raisonnement tombe, car il s'applique également à l'union telle que je l'envisage dans l'Ordre, et à ce lien *unitaire* qui attache si *étroitement* (c'est votre mot, il n'est pas heureux) le prêtre et la prêtresse. Ainsi, je peux dire que l'*éducation* reçue par le prêtre et par la prêtesse est ce qui a contribué le plus à les unir, et que cette éducation leur fait un devoir du célibat physique, moral et intellectuel, de même qu'elle leur fait désirer l'union *large, générale,* comme le fidèle aime l'union *étroite* et *individuelle*. Et voyez l'effet de l'éducation ; le fidèle, quoiqu'il se sente incapable d'arriver jusqu'à la sainteté de l'Ordre, n'en reconnaît pas moins que l'union *large* est la plus sainte.

Jamais l'union du prêtre et de la prêtresse ne pourra mériter cette qualification que vous lui donnez, union *individuelle*, et ce n'est pas parce qu'elle est conçue originellement *à priori*, car toute union est conçue *à priori*, mais bien parce que c'est le *priori des généralités*, et non celui des *spécialités* qui domine, c'est le *priori de la prévision*, du but et des moyens *généraux*, et non ce *priori* qui fait découvrir à un mécanicien le moyen de faire une tête d'épingle ; ce qui est cependant un fait *à priori*, puisque c'est une conception.

Le grand-prêtre, dites-vous, est l'homme qui représente le genre humain *à une époque donnée*, et avec sa virtualité acquise. Il sait qu'il n'est vicaire de Dieu que pour une période de l'humanité, et ce pontife vénérable, veuf de la voix qui l'animait, a, dites vous encore, ses souvenirs sur la terre et ses espérances dans le ciel. Je voudrais vous citer encore, mais je brûle de parler moi-même, écoutez-moi donc, mon cher Eugène [1].

Tout cela est du catholicisme : Saint-Simon vit en moi, en vous, en nous tous et il le savait. Celui qui va diriger l'humanité, celui qui la dirigera dans un, dans deux, dans mille siècles, ce sera toujours Saint-Simon.

Dieu est non-seulement ce Saint-Simon *éternel,* mais encore tous les peuples que ce pontife éternellement jeune dirigera. Telle est la différence qui existera toujours entre Dieu et la plus grande de toutes les créatures : celle-ci est toujours *un,* tandis que Dieu est *un* et *tout.*

Ne nous parlez donc plus de ces espérances qui sont *dans le ciel,* c'est du vieux style chrétien, voilà suivant moi celui de l'ère nouvelle.

Cette prêtresse que j'aime et que j'ignore encore, cette femme qui doit m'inspirer, elle vit, mais je la cherche, elle vit, car Dieu a pu concevoir des êtres limités, mais non des êtres incomplets. Supposez que je l'ai trouvée cette femme, et supposez encore que cette grande transformation, que nous nommons la mort,

1. Première parole sur la vie éternelle. (Sainte-Pélagie 4 janvier 1833.)

vienne s'opérer en elle, où mes espérances seront-elles ?

La terre pourrait-elle rester veuve de ce que j'aime sans me pousser au suicide ? Et quel blasphème ! celle que j'appelle, irai-je, comme Orphée, la redemander aux enfers ? Non, dites-vous, c'est au ciel que j'irai la chercher. Mais qu'est-ce que le ciel pour nous ? C'est l'avenir, c'est le *nouveau-né* de l'humanité, c'est cette troupe de vierges adolescentes, d'où va s'élever *plus belle que jamais* cette épouse adorée que j'aime en espérance, comme j'aimais l'autre en réalité.

Sortons pour Dieu, mon cher Eugène, des formes chrétiennes, elles sont usées. Le mysticisme catholique est une prophétie allégorique qu'il est temps de réaliser ; la terre, séjour de l'humanité, est digne aujourd'hui d'être un Éden. Adam et Ève, complétement développés, perfectionnés par Saint-Simon, vont être dans le séjour des justes, dans le vrai royaume de Dieu, dans le lieu où se trouve la plus adorable figure, de son adorable immensité, dans celui où il a placé une femme.

Le grand prêtre d'une époque quelconque est l'homme-Dieu de toutes les époques se perfectionnant sans cesse, chacun d'eux étant la représentation de tous ceux qui l'ont précédé et de plus, étant par sa propre vertu, l'expression d'une nouvelle vérité que Dieu ajoute, par ce nouveau pontife, à toutes celles dont, avant lui, il avait doté l'espèce humaine. Les accroissements infiniment petits de cette constante, l'humanité, donnent un caractère, un *nom* à chaque époque. Plût à Dieu que Saint-Paul applaudisse en ce moment à mes efforts; plût à Dieu qu'il soit en moi, que je vive par le sauveur du XIXe siècle, comme il vivait par Jésus ; plût à Dieu qu'il jouisse en m'entendant révéler ce mystère d'amour que Dieu lui cachait il y a dix-huit siècles, en apprenant de moi ce qu'on peut faire de cet être qu'il condamnait au silence !

Et moi, n'ai-je pas aussi comme vous le dites de Saint-Simon, n'ai-je pas des héritiers, des fils, d'autres moi-même, qui voudront continuer cet édifice dans les fondations desquelles j'aurai jeté quelques pierres. Ne présiderai-je pas à leurs travaux? Ne verrai-je pas les formes brillantes et majestueuses qu'ils élèveront sur les fondements grossiers mais solides que nous posons aujourd'hui? Et si une femme joint sa main à la mienne, pour soulever quelques-unes de ces pierres dégrossies par moi; si cette main, flétrie par la mort, tombe bientôt et prive la mienne d'une partie de ses forces, serai-je, nouveau Jérémie, condamné au deuil éternel? Le livre du passé sera-t-il seul ouvert pour moi sur la terre? Non, non, si je ne suis plus époux, *je serai père*, père de ces heureux couples, image sensible et *perfectionnée* de notre union passée, réalisation matérielle de ce lien spirituel qui m'unira toujours à cette compagne qui m'attend à l'éternel rendez-vous.

En somme, mon cher Eugène, vous vous débattez, soyez-en sûr, contre le vieil homme: vous dites au commencement de votre lettre à Charles, que vous adoptez toutes les *généralités* de la mienne (le mot est souligné); j'aurais voulu voir quelles sont *les spécialités* que vous n'approuvez pas; mais, à ce qu'il paraît, cela vous a été impossible, et je m'en félicite, puisque cela aurait annoncé un manque de logique ou chez moi, ou chez vous, car des *généralités* semblables doivent engendrer de semblables spécialités. Que si vous avez voulu dire que vous adoptiez toute la lettre et que vous alliez seulement y ajouter quelque chose sur le *veuvage* et sur l'élection du pape futur (deux forts beaux points de votre lettre qui cependant doivent, je crois, être modifiés parce que j'ai dit tout à l'heure) rien de mieux ; mais non, vous avez retourné à votre manière ce que j'avais écrit sur l'ordre; et quoique vous disiez que cette nouvelle expression doive lever les scrupules de Duveyrier, elle me paraît de nature à les rendre beaucoup plus obscurs.

Pour moi je ferais de larges concessions aux scrupules de Charles; je lui dirais :

1° Dans le catholicisme, *tout* prêtre, c'est-à-dire *tout* membre de la société pacifique, a dû être célibataire ; d'où nécessairement abus, parce qu'alors *tout* prêtre n'était pas, et n'avait pas besoin d'être un homme sympathique général. Dans la société pacifique de l'avenir, il n'y aura que le prêtre célibataire; les théologiens et diacres seront mariés, ainsi est atténuée l'objection portant sur le nombre des célibataires.

2° J'ajoute que, dans la série sentimentale dominée par le prêtre, proprement dit, se trouve tous les hommes appelés *artistes*, parmi lesquels il en est peu qui soient dignes du sacrement de l'ordre, quoique tous soient des *desservants* de l'Église. Le prédicateur ou enseigneur moral (public ou privé, dans la chaire ou au confessionnal) voilà le célibataire par nécessité et par choix.

Le crime dans le prêtre effraie Charles : ne serait-ce pas parce qu'il regarderait le sacrement de l'ordre comme indélébile, ce qui est le pendant de la croyance aux *peines éternelles* et à la fatalité, chose que nous élaguons pour jamais de la pensée humaine.

Le prêtre déchu tombant au rang du théologien ou du diacre, ou bien au grade du desservant, est un exemple rare il est vrai, mais possible et prévu à une époque où l'on n'enferme pas de force les filles et les cadets de famille dans des couvents. Ce n'est pas un crime, c'est une erreur, erreur de la part de ce prêtre moins *général* qu'il ne l'espérait, erreur de la part de son supérieur, qui l'avait jugé digne de l'ordre.

4° Une pensée de chair (c'est ainsi que s'exprime Charles, tandis que s'il avait bien saisi l'esprit de ma lettre il aurait dit une pensée d'égoïsme) ne fait pas toujours tomber l'homme *dévoué* de toute sa hauteur ; c'est presque toujours pour lui, au contraire, un mobile puissant d'élévation, ne fût-ce que lorsqu'elle se présente pour lui donner une idée plus grande du caractère *supérieur* qui est attaché à cette robe dont il est glorieusement revêtu. Ainsi, toute pensée d'égoïsme chez le prêtre, dirigée à l'avance par son éducation qui lui a appris que ses pensées ne sont jamais secrètes pour Dieu, est encore exaltée par l'égoïsme lui-même, mais *l'égoïsme divin,* qui lui fait compter pour beaucoup de mériter les hommages dont l'entoure l'humanité.

C'est ici qu'apparaît encore la nécessité de la grande classification en *généralités* ou *spécialités* : car le prêtre est bien placé au point de vue de l'égoïsme, puisque le sentiment religieux est excentrique et concentrique, mais de l'égoïsme *général.* L'amour de ses frères et sœurs, de toute sa famille, les attentions, les soins de son père, de sa mère ne le trouvent pas insensible, mais il sait s'y dérober facilement, il leur préfère les misères, les souffrances, le martyre, quand il s'agit d'acquérir l'amour de la grande famille, l'affection des pères de la patrie.

Nous devons réhabiliter *la gloire*, puisque la gloire selon ce monde sera la gloire selon Dieu: or la gloire, voilà le sentiment qui fait vivre le prêtre sous le point de vue concentrique, tandis que ce n'est pas lui qui anime le fidèle dans le sein de la famille; et c'est parce que le prêtre veut être aimé de *tous* qu'il n'aime pas *un seul* être, et qu'il est ainsi seul digne, seul capable de gouverner *tous*.

Et maintenant pour répondre à Charles, je dis : une pensée de chair *individuelle* est, il est vrai, pour le prêtre, une ennemie qui le fera tomber, de toute sa hauteur, s'il ne sait pas en triompher ; mais une pensée de chair *générale*, c'est précisément là que le prêtre puise toute la force nécessaire pour ne pas laisser énerver dans l'isolement de la contemplation ses propres sympathies. C'est parce qu'il veut être aimé, qu'il ne se laisse pas consumer intérieurement, par son propre amour ; c'est parce qu'un curé veut avoir une *famille* plus belle que celle du curé, son voisin, qu'il est digne d'être évêque.

5° Charles fait un mauvais usage du passage de l'apôtre : on ne péche pas par la chair, mais on souffre par la chair dans le mariage. Un fidèle péche par *orgueil*, quand il veut plus de gloire que son travail n'en produit ; il péche par *cupidité* quand il veut plus de richesses que son travail n'en produit ; il péche enfin par le *libertinage*, lorsqu'il se livre d'une manière désordonnée à ce qu'on appelle plus particulièrement les appétits de la chair.

Mais tout ceci est étranger à la question qui

nous occupe, et la matière a beau être réhabilitée, encore faut-il examiner si, suivant les lois d'une bonne *division du travail*, si dans le but d'exercer le plus complètement les facultés humaines, il est indispensable que chacun fasse ce que tous peuvent faire, puisqu'ils sont hommes; ou bien si, au contraire, les fonctions et par conséquent les actes ne doivent pas être distribués à tous suivant le développement le plus spécial de telles ou telles aptitudes communes cependant à tous.

Mais il n'y a pas un physiologiste qui ne reconnaisse que tout homme, sauf quelques monstres, est organisé de manière à pouvoir propager l'es pèce; mais la conclusion qu'on pourrait tirer de là contre le célibat serait de la même force que celle qui tendrait à prouver que nous devons tous faire des souliers et des habits, car nos organes sont disposés, chez nous tous, hommes, de manière à nous permettre d'en fabriquer.

Et si vous dites que je ne traite là qu'une partie de la question, obscure, il est vrai, pour Charles, mais résolue pour vous qui concevez clairement la partie charnelle du célibat, je vous répondrais que vous ne vous donnez pas la peine d'établir le parallélisme des trois séries, et que si vous le faisiez vous verriez qu'un cordonnier, par exemple, aimera à raisonner sur son état et à faire son état, ce qui occupera peu le prêtre qui ne fait pas de souliers; il en est de même des relations d'hommes à femmes, qui sont l'état des individus qui ont ménage, famille, boutique, mais qui ne sont pas du tout à l'usage du prêtre et de la prêtresse.

Les causeries si douces de deux amants qui se perdent l'un dans l'autre, sont au plus des souliers de satin aux yeux du prêtre, mais ce sont toujours des souliers, et il n'en fait pas; je dis plus, il ne sait pas en faire et il n'aimerait pas à en faire, quoiqu'il aime à voir de beaux souliers, car il aime tout ce qui est beau; mais il sait que ce serait faire un triste emploi de ses nobles facultés; il sait que le prêtre n'est pas, comme vous l'avez dit, placé au point de vue de l'ensemble, du moins autant que l'homme peut s'y placer; il sait que Dieu seul est aux deux points de vue et connaît les actes de la fourmi comme ceux de Saint-Simon, notre maître.

Lorsque le berger amoureux compose une romance pour sa bergère; lorsqu'ils la chanteut le soir, au bord du bois, dans la prairie, ils sont heureux, et j'ajoute ils sont purs. Mais le prêtre *amoureux* a besoin d'un peuple qui l'écoute, c'est pour lui qu'il rêve l'hymne sacrée, c'est à lui qu'il la chante, car c'est lui qu'il aime, après Dieu, par dessus tout; c'est par lui qu'il veut être aimé, et s'il marie sa voix à celle de la prêtresse, c'est parce que celle-ci lui révèle tous les trésors de beauté de l'être qu'il aime, c'est parce qu'elle lui découvre des fleurs que ses yeux n'avaient pas su voir sur le sein de cette épouse chérie; c'est parce que cette voix, *fidèle écho* de celle qui fait battre sans cesse son cœur, *répète* des sons d'une délicatesse que la sienne ne saurait atteindre.

Ce berger dont je parle trouve la nature bien belle quand elle lui rappelle d'heureux instants passés tête-à-tête avec son amante. Et le prêtre, s'il est seul avec la prêtresse, ne cherche dans ses yeux que le reflet de ce qu'il adore, que le souvenir des jours où il a entendu son Église, sa véritable épouse, répéter avec enthousiasme l'hymne d'amour, où il l'a vue marchant sur ses pas, voler avec ardeur pour exécuter les ordres de Dieu, se précipiter là où il y avait à cueillir les palmes du savoir, les richesses du travail et les récompenses de l'amour. Mais, direz-vous peut-être, je parle toujours du prêtre, je ne dis rien de la prêtresse. Mon cher ami, mettez au masculin ce que je viens de dire au féminin, et réciproquement, et vous aurez le rôle de la prêtresse. Mettez troupeau ou tout autre mot là où j'ai mis Église, époux au lieu d'épouse, etc.

Mais au moins, ajoutez-vous encore, faut-il voir le prêtre et la prêtresse agir ensemble. Le berger et la bergère, après avoir bien chanté, rentrent sous un même toît, vivent ensemble côte-à-côte, tandis que l'un garde son troupeau, dirige ses chiens, l'autre file et chante près de lui, etc. Gare à l'abus de la comparaison, elle nous mènerait à l'absurde, et voici pourquoi. Jusqu'à présent et toujours, je le crois, un troupeau de moutons a été considéré comme un instrument par le berger; il n'en est pas précisément de même des fidèles pour le prêtre. A la rigueur, le berger peut préférer une heure de sommeil sur le sein de sa bergère, au mouton que le loup enlèvera pendant le sommeil. LE PRÊTRE VEILLE TOUJOURS. Le sommeil de l'individualisme, voici son crime, voilà l'ennemi qu'il terrasse sans cesse et contre lequel il se défend par toutes les *précautions* stratégiques imaginables. Ce nuage d'encens que Charles n'a pas trouvé assez clair, vous l'avez abîmé, à force d'y avoir fait des trous qui n'en font plus qu'une loque; le *nuage d'encens*, cette grille mystérieuse sera d'airain pour le prêtre de vingt-cinq ans, de fils de fer pour celui de trente, de bois pour celui de trente-cinq, de soie pour celui de quarante. Ce voile sera encore fait en gaze légère pour le pape lui-même. Charles, est-ce assez clair maintenant?

P. Enfantin.

XLVe LETTRE

A RESSEGUIER

Curson, 7 septembre 1829.

Bien, mon cher frère, vous avez répondu comme je m'y attendais ; vous viendrez chercher votre père pour rester le plus longtemps possible avec lui. Vous êtes bien notre cher Resseguier, et je vous en remercie, car nous éprouvons tous bien de la joie d'avoir loin de nous un frère sur qui nous puissions aussi solidement compter. Je prends note de ce que vous me dites : l'hôtel Saint-Jean-Baptiste (le nom n'est pas mauvais), et un mot poste restante, quoique ceci ne me paraisse utile que dans le cas où l'un de nous ne pourrait pas être exact au rendez-vous.

Je partirai d'ici samedi ; je passerai le lundi à Montpellier, j'en partirai le mardi ; calculez maintenant quand nous nous embrasserons. Je pense qu'il ne faut qu'un jour.

Bonjour à Marquier et à toute votre Église. Je vous embrasse.

P. ENFANTIN.

XLVIe LETTRE

A OLINDE RODRIGUES

Romans, 11 septembre 1829.

Par un malentendu, je ne reçois qu'aujourd'hui votre lettre du 4, mon cher Olinde ; elle me cause d'un bout à l'autre une vive peine et pressera vivement mon retour, malgré tout le plaisir que j'aurai à voir longuement Resseguier. Nous parlerons de ce qui vous concerne personnellement à Paris ; arrivons vite à la doctrine.

Margerin a eu tort et raison : 1° il ne devait pas manquer au mercredi ; 2° il faut dissoudre. — Votre frère pensait bien et aurait mal agi (de même que Margerin), s'il avait parlé de dissolution sans que cela fût convenu à l'avance.

J'ai parlé, dans ma lettre à Eugène, du journal de Laurent ; je n'y reviens pas, sinon pour dire que le dernier numéro est le seul qui ait le caractère convenable. Dites aussi à Laurent que j'ai reçu 25 francs pour l'abonnement d'Émile Giraud, qu'Arlès et Drut vont s'entendre pour lui faire passer une dizaine d'abonnements et que Plantin ne s'appelle pas Plantin *de* Beltz, mais Plantin Beltz.

Je n'ai pas dit, *je crois*, que C..... fût digne d'entrer au sacré-collége, ou je me suis mal exprimé ; j'ai dit qu'il était un des plus dignes de faire partie du mercredi régénéré, et je maintiens mon dire, à moins que le mercredi ne se compose que de Sarchi et de Pereire (ce qui n'est pas, je crois, votre intention), car il nous a été plus utile que qui que ce soit, parmi tous les autres (Charles tout excepté, parce qu'il se place tout à fait sur la première ligne).

La *Proclamation*, faite par Buchez, a été bien faite, je m'y attendais ; mais il me semble que la confidence de Boul....., qui en a été la suite, doit ouvrir les yeux du brave frère Buchez sur son ami de cœur. Buchez nous a dit qu'il n'avait plus d'amis que dans la doctrine, mais réellement Boul.... n'y est qu'une poule mouillée ; et, malgré le vin que Buchez lui fait boire depuis quelque temps, l'organisation lymphatique de l'ami Boul.... résiste un peu trop vivement pour que Buchez ne sente pas la nécessité d'employer le *tonique* des fortes remontrances. Il faut faire inévitablement des exemples : il y a déjà trop de gens qui sont au milieu de nous et qui ont acquis tout ce qu'ils pourront jamais prendre de doctrine, c'est-à-dire, quelques formules sèches de la science sociale, et surtout la satisfaction égoïste de croire pouvoir traiter de haut en bas tous les libéraux et les ultras, quoiqu'il n'y en ait pas un qui ne fût culbuté dans les marais par Benjamin Constant, Guizot, Lamennais et peut-être M. Madrolle.

Il faut des exemples, dussions-nous rester douze ou quinze seulement. Ceux qui seront exclus rendront autant de services dehors que dedans. Que si quelques-uns se dégoûtent pour cela de la doctrine, ils ne valent pas un regret.

Mais l'un des premiers de tous les exemples (si des exclusions sont nécessaires), c'est la rentrée au bercail de la brebis égarée; c'est le retour de Bondy. J'aime mieux Rouen que tout notre petit mercredi, distraction faite de Sarchi, Charles et Pereire.

Je suis fort surpris du refus de *** ; cependant quand il s'agit d'argent, il y a souvent tant de considérations de famille qu'on ignore, que je n'oserais rien conclure encore.

Quant à d'Eichthal, je ne conçois pas sa *surprise* touchant notre hiérarchie. Croyait-il que nous fussions une pétaudière libérale.

Je ferai mon possible pour avoir le temps d'écrire à Alisse (Jules), et peut-être ferai-je quelque chose adressée à tous ceux que vous jugerez dignes d'être choisis pour le petit mercredi.

Maintenant, arrivons à vous-mêmes. Il faut décidément en finir, et je suis d'avis qu'on se hâte de couler à fond les deux grandes questions : *Dieu-matière* et *la femme*. Pour cela, je désire que l'on discute deux à deux, Buchez avec vous, et Laurent avec votre frère (Margerin passant alternativement de Buchez à Laurent), le travail d'Eugène et la lettre de Resseguier et ma lettre à Charles, en y joignant ma dernière lettre à Eugène. Dans cette dernière, qu'on s'occupe principalement de ce qui a rapport à la *vie future*, car décidément, plus j'y réfléchis, plus je trouve qu'Eugène reste dans les formes catholiques, quoique le fond soit toujours du plus pur sentiment. Ainsi dans sa dernière lettre à Resseguier, il parle des idées de *création* et de *mort* (ou anéantissement), comme de deux *inconnues* supérieures à l'intelligence humaine, d'où il résulte qu'elles doivent rester obscures, vagues, quoique non contestables, et que c'est leur obscurité, leur vague qui en fait le charme ; ce que j'adopte parfaitement ; et puis, dans la lettre à Charles, il parle des *anges* et des jouissances qu'ils éprouvent, avec un langage purement catholique ; au reste, ma lettre ne suffit pas pour les explications. Ce qu'il y a de certain, c'est que nous devons non-seulement rectifier la vue des catholiques sur la vie future, mais y ajouter quelque chose d'important.

Voyez le problème avec attention. Je sais bien que ce sont les dernières choses dont il faudra parler ; mais cependant, avant peu, nous serons poussés sur ce terrain, si j'en juge par les questions qui me sont adressées de droite et de gauche par les personnes qui *aiment* la doctrine et qui ne l'étudient pas scientifiquement. Ces trois questions me paraissent d'une urgence considérable. Mais si nous voulons arriver à quelque chose là-dessus, comme sur toute question de doctrine, il faut de toute nécessité que nous nous persuadions qu'il n'y a que la doctrine entre nous et non de malheureuses personnalités qui nous embarrassent. Vous, mon cher Olinde, vous êtes l'homme avec lequel il est le plus difficile de discuter quand on a de l'amour-propre ; et comme tout le monde en a peu ou prou, vous devez (et vous l'avez déjà fait en partie) mettre une sourdine de *modestie,* d'humilité dans nos soirées ; mais si je vous recommande cela, je me mets aux pieds de Margerin d'une part et de Buchez de l'autre. Je prie l'un de casser moins de tabatières, l'autre, de tourner quatre fois sa langue quand il peut supposer que sa personnalité pourrait être compromise. Je sais que vous pourrez tous dire que la critique est aisée et que quelquefois, sans avoir l'air d'y toucher, le frère Enfantin est un peu têtu. Soyez sûr que je fais mon possible pour rabattre le caquet à cette mauvaise disposition, et que j'espère bien pouvoir, à mon retour, discuter comme un véritable enfant de Saint-Simon.

Nous voulons réformer ou perfectionner le petit mercredi : perfectionnons-nous nous-mêmes, et nous avons tant à faire pour cela que nous trouverons probablement avantage à passer ces deux mois occupés presque exclusivement de cela.

Nous devons nous attendre à trouver des gens qui se dégoûteront dans les épreuves auxquelles condamne la doctrine. Je ne dis pas cela pour les membres du sacré-collége, mais pour les autres ; or, pour que les épreuves les dégoûtent, il faut bien qu'elles soient un peu dures, et je ne vois pas que celle que nous faisons subir jusqu'à présent soit bien lourde à supporter ; il n'est pas nécessaire d'être *ange*, c'est-à-dire un homme de l'avenir, pour venir passer un jour par semaine à entendre parler pendant deux heures de doctrine : le plus petit curieux s'y soumettrait. Allez donc vite aux épreuves, mais n'oubliez pas que si le petit mercredi doit y être soumis, le sacré-collége doit s'en donner quelques-unes, et que la nature de celles-ci doit être surtout d'écraser la personnalité. Soyons tranquilles, elle est assez forte dans chacun de nous pour que les efforts que nous ferons pour la maîtriser, ne nous donnent pas le sentiment de l'humilité.

En mon particulier, je prie Buchez de mettre à étudier le travail d'Eugène et le mien, le même temps que j'avais mis à étudier son travail sur les sciences, c'est-à-dire de les relire au moins deux fois d'ensemble et ensuite de les prendre partie par partie et de ne discuter sur les idées qu'après ce long et peut-être fatiguant travail. Nous avons la fureur entre nous, aussitôt que l'un de nous avance une idée, de croire que tous sont prêts à la discuter, ce qui est de tous les défauts le plus dangereux pour atteindre un bon résultat.

Adieu, je suis horriblement pressé et n'ai plus que le temps de vous embrasser.

P. E.

XLVIIe LETTRE

A THÉRÈSE

Foix, 20 septembre 1829.

Me voici déjà bien loin de vous, mes chères amies, et je n'ai pas eu un instant encore pour vous donner de mes nouvelles; je suis seul ici, et j'en profite pour vous raconter mon voyage.

Depuis Tain jusquà Nîmes, j'ai été encaqué entre deux Espagnols, dans une voiture étroite avec excès; je suis arrivé assez fatigué, n'ayant pu échanger beaucoup de paroles avec mes compagnons de voyage; quoiqu'ils parlassent français, ils n'en étaient pas moins très Espagnols, chauds libéraux, détestant les Français, surtout l'armée du maréchal Suchet, parce qu'ils sont de la partie qu'elle occupait, et que, quoique fort bien administrée, elle a été une lourde charge pour eux qui la supportaient; j'ai voulu leur faire entendre un peu raison, mais ma cause n'était pas parfaite, je ne pouvais pas plus défendre l'entrée de Napoléon en Espagne pour y soutenir son illustre frère, M. Joseph, que l'entrée des fleurs de lis pour restaurer ce Bourbon dégénéré qui y règne maintenant. Comme c'était d'ailleurs à peu près la seule conversation que mes compagnons fussent capables de soutenir, nous avons été assez silencieux.

A Nîmes, point de place dans les voitures de Montpellier. Deux autres personnes, qui étaient venues avec moi de Tain, voulaient également partir, nous fûmes obligés d'attendre jusqu'au soir ; au moins là nous fûmes à notre aise.

J'oubliais de te dire une chose cependant à laquelle je tiens beaucoup, parce qu'elle te fera plaisir, sinon quant aux opinions *étrangères* que je vais te rapporter du moins pour la mienne ; c'est que tous mes compagnons de voyage n'ont pas cessé de me faire compliment de ce que j'avais, les uns disaient une fille, les autres une sœur, une nièce, une cousine aussi jolie, d'une physionomie aussi douce, aussi distinguée, aussi angélique. Marie a été cause de toutes ces félicitations, et réellement je n'ai pas été tenté une seule fois de dire à ces messieurs qu'ils flattaient, qu'ils exagéraient, car j'avais moi-même été bien agréablement surpris en voyant Marie se développer d'une manière aussi remarquable ; et j'ai regretté d'avoir passé si peu de temps à Tain, et de n'avoir pas pu faire parler cette jolie cousine. J'ai bien déjà pour la juger, cette grande probabilité *des formes* à laquelle vous prétendez que j'attache trop d'importance, mais je ne suis pas absolu, exclusif dans mon amour pour les formes et cela ne m'empêche pas d'examiner le *fond*. Seulement cela me *prédispose* à faire cet examen; c'est un malheur, direz-vous, c'est une injustice; pas du tout: c'est simplement une mesure d'*ordre*, et vous allez voir comment. Il existe bien des femmes et bien des hommes, laids et beaux; comme je ne peux pas examiner *à fond* tous ceux que je rencontre, il faut bien faire un choix pour savoir par où commencer; or pour faire ce choix, ce sont les yeux qui me décident d'abord, sauf à *rectifier* plus tard. Croirez-vous par hasard qu'un homme qui commencerait par les laiderons aurait autant de chance que moi de réussir? Soyez sûres, les belles femmes, les beaux hommes sont comme les beaux cantaloups; il y a plus de chances d'y trouver de bons morceaux. La fille de mon auberge me donnait tout à l'heure à mon souper des alberges superbes; j'en goûte une, elle était verte et de mauvaise qualité; je lui demande pourquoi elle me donne des pêches comme cela ; elle me répond : *Tout ce qui est beau n'est pas bon.* Je ne croyais pas trouver à Foix, dans une servante d'auberge, cet axiome de la philosophie voltairienne qui salit tout ce qu'elle touche, qui dit tantôt : *ce qui est beau n'est pas bon,* et tantôt : *ce qui est bon est bien laid.* Nous qui aimons à voir la main bienveillante de Dieu, répandant partout l'*harmonie,* nous ne prenons les *dissonances* que pour les rares *exceptions,* qu'il n'a pas souvent employées, car il est encore meilleur compositeur que Mozart. Cependant, je ne voulais pas faire un cours de doctrine avec ma servante, et je me contentai de lui dire : *J'aimerais mieux que vous m'en eussiez servi de vilaines, je n'y aurais pas touché, ou si j'y avais touché, je n'aurais pas été désappointé.*

Je reviens à notre jolie alberge ou pêche de Tain, avouez que si vous voyiez un joli fruit comme celui-là ne pas venir à maturité, vous éprouveriez une double peine ; que serait-ce si vous voyiez quelque ver s'emparer d'elle, la ronger jusqu'au cœur, gâter ce fruit vermeil, pur, sans tache ; non, mes chères amies, je ne suis pas injuste, Dieu nous a fait comme cela ;

un avorton périt, nous gémissons; mais un arbre vigoureux promettant une longue vie, beaucoup de fruits et de bons fruits, si notre cher Auguste nous est ravi, nous pleurons à chaudes larmes, même en comptant sur la bonté et la justice de Dieu.

Je voulais être tout en joie en parlant de Marie, et je pleure, mais voyez à quoi sert la beauté; quelle figure je fais en ce moment; je pleure encore; mais je jouis, en songeant que rien de ce qui est beau, de ce qui est bon, ne périt; que Dieu met toujours près de nous, *quand nous aimons,* quelque chose de plus beau, de meilleur que ce que nous regrettons. Louise, qui pleure son mari, a une fille; moi qui pleure Auguste, j'ai une doctrine, qui remplit mon cœur, et qui me promet mille fois plus que je n'ai jamais eu, que je n'aurai jamais sur cette terre.

Mais je reviens à mon voyage, car je bavarde, et n'ai cependant pas assez de temps à moi pour écrire une longue lettre. Je finis donc ce sujet en te recommandant Marie, ma chère Thérèse; c'est toi qui dois lui ouvrir les portes de l'avenir; je t'ai donné les clefs qui ouvrent la première entrée, il faut qu'elle sache, comme l'a dit de Maistre, qu'une grande révolution se prépare dans les vues de Dieu sur l'humanité, pour qu'elle se tienne prête à cette vie nouvelle, que Dieu va donner à tout ce qu'il y a de *bon, sage* et *beau*. Fais bien attention à ces trois chiffres, rappelle-toi notre trinité.

A Montpellier j'ai passé une journée pour les affaires de la Caisse ; mais, pour arriver plus vite à Carcassonne où je devais trouver Resseguier, j'ai encore passé la nuit en diligence, ce qui fait que je n'ai pas dormi dans un lit depuis Tain jusqu'à Carcassonne; aussi ai-je vu poindre là sur ma lèvre supérieure un petit bouton de fièvre, qui m'embellit encore aujourd'hui; mais vous savez qu'il ne faut pas grand'chose pour cela.

J'ai devancé Resseguier, et j'ai employé mes heures d'attente à la correspondance avec la Caisse. A 7 heures du matin le lendemain j'embrassais Resseguier qui était arrivé dans la nuit, et nous avons passé trois jours de suite ensemble sans nous quitter un seul instant, causant, lisant, discutant et joyeux tous deux de nous donner enfin une bonne fois la main.

J'ai trouvé en lui ce que j'attendais ; je savais que je ne verrais en lui ni un Hercule, ni un Apollon; aussi vous ai-je dit que mon amour pour le BEAU n'était pas absolu, et je peux même ajouter que dans l'époque où nous vivons *surtout,* ma règle doit rencontrer beaucoup d'exceptions, parce que la critique gâte tout ce qu'il y a de plus beau. Voltaire aurait été capable de faire avorter Jupiter et de lui faire mettre au monde une mégère au lieu de Minerve. Vénus, si elle avait lu *la Pucelle,* aurait enfanté le petit Péronnier au lieu d'être la mère de l'Amour. Ce n'est pas à dire que Resseguier ne soit pas à mille pics de Péronnier; il a ce qui empêche toujours d'être laid, l'*œil,* l'expression et la chaleur d'âme qu'un corps grêle (consumé par cette chaleur qui a reçu trop tard son véritable aliment) sait montrer dans chaque occasion où il s'agit d'idées généreuses.

Nous sommes partis ensemble le 17 pour Castelnaudary, où nous attendaient d'autres disciples zélés de la doctrine. Encely, le meilleur médecin de cette ville; un de ses parents, professeur de mathématiques, un autre jeune médecin et un des riches agriculteurs du pays, qu'on voulait nommer député cette année, et qui mord assez à la doctrine pour ne pas ambitionner cet honneur.

La journée a été chaude; heureusement j'ai

maintenant une vigoureuse poitrine, car il a bien fallu, depuis 6 heures du matin jusqu'à 11 heures du soir, parler au moins pendant neuf ou dix heures. Mais j'ai trouvé là plus d'ardeur encore parmi ces disciples éloignés que je n'en vois à Paris. Ils copient tout ce qu'ils attrapent de la doctrine et qui n'est pas imprimé; ils savent presque par cœur, mieux que nous-mêmes, ce que nous avons fait; ils récitent du Saint-Simon comme Émile sait Racine, enfin ils m'ont charmé, émerveillé.

Je les ai quittés hier pour venir ici où je passerai un jour seulement; je retournerai à Castelnaudary demain, j'irai coucher chez Encely; le lendemain je partirai avec lui et son parent pour Sorèze où je passerai trois ou quatre jours, et où je dois encore trouver trois ou quatre nouveaux catéchumènes. Nous aurons la messe saint-simonienne non-seulement tous les jours, mais toute la journée; ils ont tous préparé des notes sur des points qu'ils désirent éclaircir avec moi. J'ai coulé à fond ceux de Resseguier et en partie ceux d'Encely, mais nous repasserons encore tout cela à Sorèze, en même temps que les notes des autres catéchumènes, tous moins avancés que ces deux personnes.

Je partirai donc le 27 de Sorèze, je serai le 30 à Saint-Chély, le 4 octobre à Clermont, le 7 à Bourges, et, j'espère, du 10 au 12 à Paris, certainement avant le 14, qui est, je crois, un mercredi ; tu sais que jusqu'à présent c'est pour nous le jour du Seigneur.

J'ai reçu des lettres de maman et d'Eugène Rodrigues ; mes deux familles (selon la chair et selon l'esprit) se portent bien.

J'ai lu à Resseguier et Encely la lettre de Saint-Cyr et ma réponse ; elles ont fait grand plaisir, parce que la position où je me suis trouvé avec Saint-Cyr est à peu près celle où nous sommes presque tous placés, les uns et les autres, avec nos anciens amis du libéralisme.

A propos de libéraux, j'oubliais de te dire qu'à Carcassonne, causant politique à table d'hôte, Resseguier et moi, avec un brave libéral, industriel de ce département, ce brave homme s'est mépris tellement sur nous qu'il nous a pris d'abord, ou pour des nobles ou pour des curés déguisés ; et, dans un moment de la discussion, il est devenu rouge comme un coq, ou plutôt comme un dindon, au point de nous dire presque de grosses sottises ; le malheureux en a été plus attrappé que nous ; je crois que si tu avais vu ma mine calme au moment ou il s'échauffait, cela t'aurait amusé ; d'autant plus que je l'ai réellement embarrassé en lui faisant sentir combien il s'était trompé, et combien même, s'il ne s'était pas trompé sur nos intentions, il s'était donné de torts en se mettant en colère. Je l'ai rencontré ensuite dans la soirée, je l'ai abordé en lui disant bonjour très-rondement, et il était plus embarrassé que moi.

Ce brave homme, nous l'avions, il faut le dire, enferré ; il criait beaucoup contre les nobles et les prêtres, nous l'avons poussé un peu et alors il a crié contre les *oisifs,* qu'il appelait très-justement des sangsues ; quand nous l'avons tenu là, nous avons voulu lui faire sentir que les nobles et les prêtres étaient à demi-morts, que les oisifs au contraire étaient de gros vivants qui avaient les dents forts longues ; qu'il ne fallait pas user notre colère contre les vieux restes du moyen âge, afin d'en conserver une bonne part pour ces sangsues ; c'est là qu'il a perdu la carte.

En voilà assez pour aujourd'hui, il est tard, je vais me coucher, et envoyer cependant cette lettre à la poste ce soir, pour qu'elle parte demain matin.

Je vous embrasse de tout mon cœur.

P. E.

P. S. Thérèse embrassera la première fois Louise de ma part, pour la féliciter d'avoir une aussi jolie consolatrice auprès d'elle. Elle l'embrassera deux fois si cette jolie consolatrice est aussi instruite qu'elle est jolie, et dix fois si elle est aussi bonne qu'elle est instruite et jolie. Ces chiffres vous montrent que je ne suis pas si aveuglé par la beauté.

XLVIIIe LETTRE

A EUGÈNE RODRIGUES ET A BUCHEZ

Foix, 21 septembre 1829.

Chers frères, je commence ici la relation de ma mission dans l'évêché de notre frère Resseguier, j'ai tant de choses à vous dire, j'en aurai, sans doute, tant encore à noter lorsque je serai allé à Sorèze, que je dois profiter du moment où je suis seul pour m'entretenir avec vous. J'avais donné rendez-vous à Resseguier le 16, à Carcassonne ; mais je m'arrangeai pour avoir une demi-journée d'avance pour l'employer à ma correspondance avec la Caisse. Les 16, 17 et 18, nous les passâmes ensemble, et partîmes le soir du dernier jour pour Castelnaudary, où je restai le 19 ; le 20, je l'ai employé à mon voyage ici ; je retourne demain à Castelnaudary coucher chez Encely ; le 22, nous irons dîner à Sorèze, où je resterai jusqu'au 26 ou 27. Tel est mon itinéraire.

Gloire à Dieu, gloire à Saint-Simon, gloire à nous, gloire à mes chers frères du Midi ! Je n'ai pas encore vu tous ceux de ce diocèse, et déjà cependant je suis plein de joie : nous avons semé en bonne terre, la récolte est superbe.

Ce cher Resseguier nous était déjà bien connu; aussi vous parlerai-je moins de lui que des autres, quoiqu'il soit le véritable chef, le père spirituel de toute la contrée ; qu'il me suffise de vous dire que les trois jours passés avec lui à Carcassonne ont été employés, tous, depuis 6 à 7 heures du matin, jusqu'à 10 ou 11 heures du soir, à examiner une longue série de points qui lui offraient des difficultés, et à livrer à son appétit dévorant la plupart des manuscrits que j'avais avec moi, et aussi à relire la parole du maître (les deux premiers cahiers du *Catéchisme des industriels* et le *Nouveau Christianisme*).

Encely, que vous connaissez aussi, est sur les talons de Resseguier; plus habitué aux études *philosophiques*, Resseguier est encore en avant; mais Encely est une forte tête rompue aux travaux *scientifiques;* ils s'aident l'un l'autre et Resseguier peut déjà se reposer entièrement sur lui pour le salut des frères de Castelnaudary.

Mais sans entrer pour le moment dans de plus grands détails sur chacun d'eux en particulier, vous figurez-vous le bonheur que j'ai éprouvé quand j'ai vu à plus de 100 lieues de nous des hommes qui savent, pour ainsi dire mieux que nous, ce que nous avons écrit, qui connaissent le *Producteur*, Comte, le *Nouveau Christianisme*, *l'Organisateur* de Saint-Simon sur le bout du doigt, qui citent par cœur une foule de passages, comme nos littérateurs citent Horace et Virgile, qui, sans consulter des tables de matières, tombent juste sur le volume et l'article qu'ils veulent trouver dans les quatre volumes du *Producteur;* qui ont eu la patience de copier eux-mêmes les articles importants du premier volume, toutes nos correspondances, tous les résumés qu'on leur a envoyés.

Encely a fait toutes ces copies, Galtier dont je vais vous parler a fait le même travail, Resseguier qui écrit difficilement et mal, que ce travail fatigue et qui a les originaux, n'a rien copié, mais cela ne l'a pas empêché de travailler assez sur ces originaux pour remplacer dans son esprit l'utilité de la copie ; il est ferré sur ses auteurs.

Marquier devait nous rejoindre à Carcassonne, il change de fermier en ce moment et n'a pas pu venir. Resseguier dit qu'il avance, mais il est toujours paresseux ; celui-là n'a certainement pas fait de copies.

J'ai dîné chez Encely le 19, nous étions six doctrinaires ou amis de la doctrine, je fais cette distinction pour les deux derniers que je vais nommer, qui ne sont pas très-avancés, mais qui aiment déjà le peu qu'ils savent, qui ont confiance dans les lumières de Resseguier, d'Encely, et de ce pauvre Rives qui est mort et qui était tout à nous, presqu'autant qu'Encely et

Resseguier. Les six personnes étaient : le père Enfantin, Resseguier, Encely, Galtier, Redon et Rouget.

Galtier, parent d'Encely, est un jeune homme de vingt-six à vingt-sept ans, fort beau et bon garçon, très-timide, travaillant quatorze heures par jour, donnant des leçons de mathématiques à sept jeunes gens de dix-huit à vingt ans, qui sortent de Sorèze, s'occupant de la doctrine depuis un an seulement avec ardeur ; entièrement à nous, et qui va même quitter ces leçons de mathématiques pour avoir tout son temps pour Saint-Simon. Je ne le crois pas de ces hommes qui enjambent largement l'espace, mais si le travail ne triomphe pas de *tout*, au moins il fait bien des prodiges.

Redon est un jeune médecin des environs qui aborde depuis fort peu de temps la doctrine, il n'a même eu que des conversations ; ces messieurs en font beaucoup l'éloge sous le rapport moral, et comptent assez sur sa capacité : j'ai peu de choses à vous en dire, sinon qu'il va avec ardeur se butter contre les idées religieuses, non par disposition matérialiste, mais au contraire par désir de croire.

J'ai engagé ces messieurs à modérer un peu

la chaleur qui le fait voler de suite à une foule de questions qu'il ne pourra comprendre qu'après avoir passé par des travaux d'un autre ordre.

Rouget est un homme qui doit avoir quarante ans au moins, jouissant à juste titre de la réputation d'agriculteur *modèle* du département, aimant l'étude sans être précisément savant ; d'une grande moralité, passionné pour tout ce qui est généreux, et par conséquent ayant été, comme ces messieurs, chaud libéral, au point qu'aux premières élections il aurait, s'il le voulait, de grandes chances d'être député ; mais il a déjà assez mordu à la doctrine pour ne pas ambitionner cet honneur : il sent qu'il fait plus de bien à son pays en restant à la tête de la ferme, où, par son exemple, il a rendu de grands services à l'agriculture des deux départements qui l'entourent, qu'il ne pourrait en faire dans ces salons de bavards qu'on appelle la Chambre des députés. Il a de la fortune, une grande estime pour Encely et Resseguier, et un vif amour pour tout ce qu'il croit utile, bon et généreux.

En somme, les trois derniers que je viens de nommer ont déjà fait le pas immense de se débarrasser du libéralisme, et de juger Benjamin Constant du haut de la grandeur de la doctrine ; ils ont foi dans la supériorité de celle-ci sur toutes les autres, et ont le cœur et l'esprit très-bien disposés pour la recevoir.

Un mot encore sur M. Rouget, dont Laurent devra faire son profit. Il n'a pas reçu le 3e et le 4e numéro de *l'Organisateur*. Resseguier demande en grâces une grande régularité. A propos de *l'Organisateur*, il y a eu joie ici quand on a vu sur le 5e numéro disparaître l'*appendice des méthodes ;* mais tous m'ont avoué, Resseguier et Encely, surtout, que ce journal les plaçait dans une position difficile vis-à-vis des personnes auxquelles ils voudraient le proposer, et auxquelles ils n'osent pas offrir cette petite feuille chère pour son étendue, n'ayant que fort peu d'attraits pour des hommes étrangers à la doctrine. Je leur ai promis qu'au retour de Bazard, et quand je serais avec vous, nous nous occuperions de donner à ce journal une tournure plus vigoureuse et en même temps plus attrayante. Nous verrons si cela peut se faire pour le mois de novembre, car je serai auprès de vous le 12 octobre au plus tard ; mais ce qu'ils aiment dans cette petite feuille hebdomadaire, c'est qu'elle peut en partie remplacer pour eux la correspondance, et leur donner de fréquentes nouvelles de l'école.

Je reviens à mon entrée triomphale à Castelnaudary; elle m'a été aussi sensible que celle de Lyon a pu l'être au général Lafayette, quoiqu'il n'y eût pas 80,000 personnes sur ma route : je pensais en moi-même que si cela continuait ainsi, ce serait ici qu'il faudrait établir le siége de la doctrine; car, sans faire tort à nos amis de Paris, on la sait et on l'aime proprement ici. J'ai annoncé à Resseguier et Encely (qui sont ceux qui nous connaissent le mieux) la promotion d'Eugène et de Margerin ; cette nouvelle a fait grand plaisir, parce qu'ils y ont vu la preuve que le nombre des colonnes qui doivent porter l'édifice saint-simonien s'augmentait ; pleins de confiance en nous, et déjà à même d'apprécier Eugène, ils ont vu dans cette élection un choix encourageant pour d'autres et une grande récompense pour ceux qui en ont été l'objet ; j'espère que voilà de vrais sentiments saint-simoniens.

Je leur ai fait connaître aussi notre nouveau et excellent disciple Charles Duveyrier, et son voyage de Normandie a fait un vif plaisir ; on demande à connaître à l'avenir ce qu'il écrira, notez cela.

Le travail de Barrault, qui n'était pas connu ici, a été lu à Resseguier, enchanté de voir son ami de Sorèze marcher si droit et si ferme dans les voies de la doctrine. Quelques lettres de Decaen lui ont également été lues; j'aurais voulu leur donner plus d'échantillons d'autres fabriques que les nôtres; mais ce n'était pas ma faute si j'étais si pauvre. J'ai regretté surtout le travail de Sarchi sur l'Orient; cette question que Resseguier a faite il y a bien longtemps, n'a jamais été résolue pour eux; nous en avons assez longuement causé, mais il n'en faut pas moins que Sarchi mette au net son travail et l'envoie ici par Barrault; on désire beaucoup l'avoir et il fera plaisir. Je laisse à Resseguier tous les résumés qu'il n'a pas encore, c'est-à-dire une dizaine à peu près; j'en ai pris copie pendant mon voyage sur un gros registre assez formidable. Cela n'est pas amusant, dit-on, de copier, mais qui n'aime pas *copier* doit *faire*, et ces messieurs, qui n'ont encore rien fait, sont tellement pénétrés de cette idée qu'ils copient à force; ils me demandaient même si à Paris nous avions beaucoup de copies de nos travaux;

je leur ai dit qu'il n'y avait à peu près qu'Eugène et moi qui les copiions ; ils n'y concevaient rien, parce que ces copies sont pour eux maintenant les livres les plus importants de leurs bibliothèques. Ils remercient Carnot de son travail sur chaque séance, travail qui les met à même de suivre d'ici tous les travaux de l'Ecole.

J'ai parlé à Resseguier et Encely de nos projets d'organisation de Société saint-simonienne ; l'idée de la bibliothèque-modèle, lieu de réunion, prêche quotidien, leur a beaucoup souri ; ils ont senti que les travaux en iraient bien plus vite et surtout que la moralité doctrinale de chacun de nous y gagnerait, qu'on s'y connaîtrait, qu'on s'y lierait davantage ; que chacun y apprécierait mieux la capacité de ses frères, et qu'on y sentirait tout l'avantage de l'association qui est encore bien informe aujourd'hui. Ces messieurs, qui vont vite en besogne, croient qu'il suffit de concevoir un pareil plan pour le réaliser ; j'espère, quoiqu'ils perdent de vue plus facilement que moi une foule de difficultés, qu'ils ne se trompent cependant pas beaucoup, et que vous aurez commencé à jeter les fondements de ce couvent préparatoire.

Ils m'ont demandé, vous devez le penser, si nous renoncions au *Producteur* et quels étaient nos projets de publication : ils ont parfaitement compris que l'état actuel de la doctrine permettait peu de la détailler, de la déchiqueter dans des articles de journal, et que des ouvrages vaudraient bien mieux ; il les appellent à grands cris, et demandent qu'on les prévienne quand viendra l'impression, pour qu'ils contribuent à faire les avances des frais.

Je dis les avances, parce qu'ils pensent (et je suis de leur avis) qu'en ce moment un ouvrage de la doctrine se vendra assez bien. Je leur ai dit que telle était notre intention pour l'année prochaine; que, pour mon compte, il me tardait beaucoup que les personnes qui s'occupent de la doctrine, aux petits mercredis, prissent, d'ici à peu de temps, le fardeau des affaires *journalières,* correspondance, résumés, organisation, discussions, conversions, enseignement même, pour nous laisser un peu de temps à nous ; mais que, dans l'état actuel, il nous était bien difficile de nous mettre à un travail important, d'entreprendre *des ouvrages;* que nous n'avions réellement pas le temps nécessaire pour la réflexion et la rédaction, et que nous faisions tout notre possible pour nous faire chasser, par des nouveaux venus, du poste où nous sommes, non-seulement pour qu'ils viennent avec nous dans des régions plus élevées que celle où nous sommes depuis deux ans.

J'aurai encore bien des conversations à vous redire à mon retour, en voilà assez pour aujourd'hui ; je reprendrai la plume à Sorèze, après avoir vu trois ou quatre amis de la doctrine : leurs noms sont Bouffard, les deux frères Combes, Borrel; je verrai aussi le protestant Poupot, quoïque, d'après ce que disent ces messieurs, il n'y ait pas grand espoir d'en faire quelque chose.

Je ferme cette lettre pour ne pas vous laisser trop longtemps sans nouvelles de notre frère en Saint-Simon.

P. E.

XLIXᴱ LETTRE

A BUCHEZ

(Lettre écrite de Rodez ou d'Espalion.)

2 octobre 1829.

Mon cher Buchez, je ne réponds pas à votre lettre, parce que j'aime mieux employer aujourd'hui les heures que j'ai libres à causer de mon voyage. Renvoyant jusqu'à mon retour la discussion sur l'objet de votre lettre ; toutefois je me hâte de vous dire qu'elle m'a fait plaisir et qu'il me tarde de finir tête à tête la discussion toute fraternelle que vous avez commencée. Passons vite à Sorèze.

Concevez-vous, mon cher ami, la joie du frère Enfantin quand il s'est trouvé, en quelques jours et à une si grande distance de la métropole, au milieu d'une troupe de fidèles dont plusieurs savent très-bien la doctrine et qui tous *l'aiment* presque autant que nous. J'ai parlé dans ma lettre précédente de Resseguier, Encely et

Gastier, et subsidiairement de deux amateurs, dont l'un, Redon, donne des espérances ; je vais vous reprendre aujourd'hui mon récit à partir de mon retour de Foix à Castelnaudary. Pressé, comme vous devez le croire, de retrouver mes brebis, je suis revenu de Foix la nuit, et suis arrivé un jour plus tôt qu'on ne m'attendait ; nous l'avons bien employé Encely, Gastier et moi ; le lendemain de bonne heure nous étions chez Resseguier, où j'ai trouvé (je vais classer le troupeau) Bouffard, les deux Combes, les deux Borrel et un médecin, beau-frère de ceux-ci, nommé Prades ; vous voyez que nous étions dix à table. Il nous en manquait un *bien bon*, que vous connaissez, que nous regrettions tous, et qui, retenu chez lui par la maladie de sa mère et quelques affaires importantes de famille, enrageait autant que nous de ne pas être au rendez-vous. Ce bon saint-simonien, c'est Marquier, qui a *fait des progrès immenses* ; je vous en parlerai tout à l'heure : cependant je veux vous expliquer auparavant sa position à Paris, parce que j'ai moi-même désespéré de lui à cette époque, tandis que je le regarde aujourd'hui comme appelé à être un des grands convertisseurs du Midi. Marquier avait été complétement ébloui, pour avoir vu trop rapidement une trop vive lumière. Trois mois de réflexions solitaires lui ont permis de ruminer tout ce qu'il avait entendu, et il est des nôtres complétement. Je n'ai plus grand'chose à ajouter à ce que je vous avais dit de Resseguier, Encely et Gastier : les deux premiers sont aussi forts sur la doctrine que toutes les personnes qui nous entourent: Encely est une excellente *tête*, c'est là surtout son lot, et travaillant avec Resseguier, ils forment assez bien *l'individu complet*. Gastier doit encore être rangé dans les élèves, mais je n'en connais aucun qui soit plus laborieux, plus admirateur de la doctrine. J'arrive aux nouveaux visages soréziens. Bouffard est un homme qui a des formes embarrassées, un langage un peu embrouillé, l'air presque niais à force d'être bon, quand il ne s'anime pas ; tous ses traits sont bien, il est même assez bien fait; cependant personne au premier abord ne paraît peut-être plus gauche que lui. Jusqu'à présent l'éloge n'est pas grand ; eh bien, Bouffard est une perle que le catholicisme aurait enchâssée de la manière la plus brillante, tandis que le crétinisme l'a laissée brute ou du moins couverte d'une crasse que la doctrine enlèvera. Bouffard est le plus fort de tous ces messieurs sur l'histoire ; il est médecin, ou du moins a fait les études nécessaires pour cela, et maintenant la doctrine est toute sa vie. Je n'ai pas pu trouver une seule grande idée de la doctrine qui lui soit échappée; et dans toutes les lectures que nous avons faites, je l'ai toujours vu mettre le doigt sur le point capital avec une facilité surprenante. Il semblait, quand il avait entendu un morceau, qu'il le refaisait immédiatement dans son esprit en descendant des sommités qui l'avaient frappé jusqu'aux détails. J'aurai du reste sur lui plus de renseignements à vous donner par conversation, qui vous feront mieux juger la qualité sympathique de ce *sauvage* du Tarn ; ce serait trop long ici. Combes aîné est un avocat ; ayant d'assez belles études littéraires, la tête pas trop large, mais qui garde bien ce qu'une fois il a acquis : il est laborieux et ne travaille plus qu'à la doctrine ; c'est un homme acquis ; mais l'important dans cette acquisition est une chose qui lui est au reste commune avec tous ces messieurs, je veux dire l'influence qu'ils exercent tous sur les jeunes gens, chacun dans son petit endroit. Je reviendrai là-dessus en vous parlant de Marquier. Le jeune Combes se moquera, je crois, du droit d'aînesse et montera sur les épaules de son frère ; il est bien jeune, vingt ans, mais déjà il connaît quelques ouvrages de l'école, il a assisté à beaucoup de discussions et conversations, et ne s'arrête pas facilement aux bagatelles; il marchera, je l'espère, vite et loin, mais ce ne sont encore que des espérances : la doctrine lui a rendu le service de lui éviter le temps perdu du libéralisme ; plus heureux que nous, il arrive à elle de bien bonne heure, dépouillé des idées qui ont employé nos plus belles années de travail.

Borrel aîné est médecin, aussi bon garçon que possible, ici la conversion n'est pas encore totale ; mais il a assisté à tout ce que nous avons dit, et chaque jour il s'enfonçait davantage ; je suis certain que l'hiver ne se passera pas sans que Resseguier nous écrive qu'il est tout à fait à nous. Quant à son frère, je vais vous en parler tout à l'heure pour suivre l'ordre de date.

Marquier est arrivé à *force de voiles*, la veille de mon départ ; je ne pouvais pas rester plus longtemps, et il s'est décidé à m'accompagner, d'abord à Castres où les Combes demeurent, et où je leur avais promis de rester un jour avec eux ; ensuite à Alby, où Borrel le jeune nous avait devancé de deux jours et m'attendait, et où nous sommes restés deux jours pleins, faisant un continuel trio de doctrine.

Notre séjour à Castres aurait été presque nul pour la doctrine à cause de la famille nombreuse des Combes qui nous entourait, sans (et ceci vous étonnera) la verve de Marquier. Déjà dans la soirée qu'il avait passée avec nous à Sorèze, il nous avait amusés au dernier point, et nous avait fait rire, comme je n'avais pas ri de longtemps, par un confiteor des plus comiques sur ses anciens péchés bonapartistes, républicains, constitutionnels, sans ou avec dynastie, etc., etc. Il nous avait fait pouffer de rire en nous parlant des tristesses de ces pauvres libéraux toujours sur le point de réussir depuis quinze ans, s'élevant sans cesse sur la vague d'où ils croient voir le havre constitutionnel, et retombant presque aussitôt dans le fond de l'abîme. En un mot personne n'avait fait encore pour moi une critique aussi fine, aussi juste, aussi pénétrante de l'impuissance et du vide de la critique. Ce moyen, qui ne serait peut-être pas aussi bien à sa place à Paris, est d'une utilité bien grande dans ce pays où la politique est l'occupation constante de tout le monde, et personne ne peut mieux l'employer que Marquier dont la chaleur libérale était connue. Aussi est-ce lui qui a produit le plus d'effet sur Borrel aîné, sur son frère et sur Lades, dont je ne vous ai pas encore parlé, parce qu'il ne connaît la doctrine que depuis mon passage à Sorèze.

Lades, ancien camarade de tous ces messieurs, à Sorèze, était un des meilleurs élèves ; condisciple d'Encely à Montpellier, celui-ci en fait le plus grand cas, sous le rapport de la capacité surtout, et Resseguier m'assure que c'est la tête la plus forte que j'aie vue dans la succursale : je crois que ces messieurs exagèrent, mais cependant Lades me paraît bien constitué pour *comprendre* : je le crois beaucoup moins fort pour *sentir*, peut-être me trompai-je, nous verrons plus tard. Toutefois le premier jour qu'il assista à nos réunions, nous lui fîmes avaler de gros morceaux sur la propriété, qui loin de le rebuter le firent revenir à la charge le surlendemain : et c'est alors que Marquier vint lui porter un coup de massue terrible, mais très-efficace, en démolissant pièce par pièce ses idoles constitutionnelles.

A Castres, Marquier en fit autant et rendit en cela service aux Combes et même à Bouffard qui nous y avait accompagné ; ces messieurs savent maintenant qu'en province, où l'on ne peut pas, comme à Paris, se retirer du mouvement politique actuel, les élèves de Saint-Simon qui exercent une influence doivent avant toutes choses jeter les yeux sur les fortes capacités noyées dans le libéralisme, pour les en tirer, et ensuite faciliter le jeu de la bascule politique qui seule peut nous donner la tranquillité, c'est-à-dire être prêts, s'il le fallait bientôt, à donner des forces au côté droit pour sauver les libéraux eux-mêmes des conséquences de leurs principes victorieux.

A Albi, où les élections se faisaient quand nous sommes arrivés, nous avons trouvé tout le monde en l'air, et c'est au moyen de ce fait qui était sous nos yeux, que nous avons accablé Borrel le jeune qui était déjà sur la route de la doctrine, puisque, après avoir chéri le libéralisme, il avait déjà commencé à en sonder le vide ; nous l'y avons plongé plus profondément encore, en reprenant toutes les questions politiques parallèlement, sous les deux points de vue libéral et saint-simonien, et Marquier s'est acquitté très-habilement de cette tâche.

Je reviens à Sorèze, maintenant que vous connaissez chaque individu. Je devais avoir une espèce de plastron assez vigoureux pour m'escrimer devant ces messieurs afin de mettre la doctrine en présence d'un rude champion libéral : Sorèze était parfait pour cela ; un nommé Benjamin Rivals, aveugle depuis l'âge de vingt-huit ans (il en a je crois cinquante-six) est l'oracle constitutionnel de ces contrées ; il a été le maître, le directeur de conscience de tous ces messieurs, et il gémit de voir ses élèves lui échapper ; c'est à peu près Voltaire incarné avec beaucoup moins d'esprit, mais plus de science, plus de méthode, de logique. La discussion ne fut pas longue à s'engager avec lui, et je lui donnai pour texte le résumé de la leçon de Rodrigues sur le développement général de l'espèce humaine. Une discussion de trois heures, très-animée et seulement entre nous deux, produisit l'effet que j'attendais ; les objections furent bien posées, bien soutenues par Rivals ; mais vous savez que ce ne pouvaient être que celles qui nous ont été faites si souvent et qui se sont présentées à notre esprit, la critique fut culbutée dans les marais voltairiens ; Resseguier et Bouffard jouissaient certainement encore plus que moi, quant à Borrel et Lades, qui étaient présents, cette discussion leur fit plus d'effet que trois jours de conversation entre eux, ou que huit jours de lecture.

Ce malheureux Rivals s'avisa de tirer du sac du XVIIIe siècle quelques vieilles et grosses plaisanteries sur la Trinité, à propos de l'hérésie d'Arius ; je l'abîmai en lui faisant sentir combien il fallait que nous fussions *crédules* pour *croire,* sur la foi de quelques hommes, qu'une chose qui avait autant agité le monde était une ridicule puérilité; je lui fis sentir l'identité des travaux philosophiques et des travaux purement religieux sur cette question, et revenant sur l'hérésie d'Arius et en général sur toutes les hérésies, je lui montrai que ce n'était pas bagatelle de refuser ou de donner tels ou tels attributs à Dieu, ou de les mettre dans tel ou tel ordre; et, pour que l'application quant à la doctrine fût immédiatement sentie par tous les auditeurs et même par Rivals, je lui fis voir qu'en admettant, comme nous, que l'homme est triple, il est de la plus haute importance d'établir un ordre dans la *procession* de ses facultés, puisque si les uns admettent que la *science* domine le *sentiment,* ils forment d'après ce principe une société toute différente de celle qui serait instituée d'après cet autre dogme philosophique qui faisait *procéder* la science *du* sentiment, que dans l'une les savants dirigeraient, dans l'autre les artistes, ce qui ne peut pas être indifférent.

A propos de cela, dites bien à Sarchi que dans la note que je l'ai prié de faire sur Mahomet, il faudra qu'il montre combien l'arianisme devait encore engendrer une autocratie, tandis que la doctrine des Pères exigeait la division des pouvoirs : ceci lui sera très-facile, et c'est important pour repousser l'objection qui se présenterait en ces termes : Les peuples convertis au Coran étaient *chrétiens* depuis longtemps, donc le Coran est supérieur au christianisme ; objection qui perd toute sa force quand on observe que ces peuples étaient principalement ariens et quand on lie la doctrine d'Arius à l'autocratie.

Toutes nos journées ont été tellement employées, mon cher docteur, que je vous demanderai de m'expliquer comment il y en a eu plusieurs où, depuis 6 à 7 heures du matin jusqu'à 10 ou 11 heures du soir, sauf les moments de repas, j'ai presque constamment lu ou parlé ; j'avoue que je sentais le besoin du repos, et j'ai aissé ce pauvre Resseguier harassé, lui qui ne lisait pas et parlait peu; il a une santé si délicate que huit jours employés aussi activement sous le rapport intellectuel, vont le condamner à huit jours au moins de bains, de petit-lait, etc. Quant à moi, je suis solide comme le Pont-Neuf et bien disposé à faire une nouvelle mission dans ces pays qui en valent la peine, car nulle part, je le répète, même à Paris, nous n'avons des hommes plus dévoués à la doctrine et plus imbus de son esprit. Nous causerons à mon retour des moyens d'utiliser cette ardeur.

Barrault sera bien content d'apprendre tous ces détails; je vous prie de les lui communiquer et de lui dire de ma part que je l'aime encore plus, lui Barrault, depuis mon voyage à Sorèze, non pas parce que j'ai vu qu'il y était aimé et estimé, je le savais, mais parce que j'y ai connu tout le zèle, toute la chaleur que la doctrine lui imposait, tout le dévouement qu'il montre pour elle; Marquier surtout m'a chargé de lui annoncer *bien vite* sa conversion et de le remercier des efforts qu'il a faits à Paris pour l'opérer, efforts qui n'ont pas porté de suite leurs fruits, mais qui avaient semé de bons germes ; Borrel le jeune aussi, et le petit Combes m'ont dit de l'assurer qu'ils mettaient à profit ses bons conseils.

Celui-ci a ajouté que maintenant il travaillait autant qu'il était paresseux dans sa classe.

Inutile de vous répéter tout ce que ces messieurs m'ont chargé de dire au sacré collége de leur part ; c'est nous qui leur avons donné le pain de vie, ils nous en remercient, et nous en demandent encore ; mais je leur ai dit qu'ils étaient maintenant assez forts pour en pétrir eux-mêmes.

Je ne vous ai pas parlé d'un autre auditeur des discussions, un nommé S....., avocat de Toulouse, abonné à l'*Organisateur*, cousin de Resseguier. Il n'y a rien à en dire ; c'est une petite tête pour laquelle le *Constitutionnel* me paraît avoir été inventé. Cependant, comme il a quelque influence, Resseguier et Marquier veulent agir sur lui ainsi que Bouffard.

Resseguier et Marquier iront passer un ou deux mois cette année à Toulouse pour tâter le terrain ; ils y ont beaucoup de relations et, au printemps, ils viendront ensemble à Paris ; Bouffard ne peut y venir que l'année prochaine, mais il y viendra aussi bien certainement ; Borrel le jeune y sera dans deux mois : il en est pour la doctrine à n'avoir plus aucune bonne raison à lui opposer, mais il procède à la manière des savants, il a peur de se passionner ; malgré cela je le regarde comme étant à nous, et le rang qu'il occupe parmi les jeunes gens de son âge (il est entré et sorti le premier de l'école et il est toujours le premier au corps des ponts) me fait regarder sa conversion comme une très-bonne chose, quoique je n'ose pas espérer qu'il soit jamais bien chaud.

Adieu, mon cher ami, je vous embrasse tous en frère. Gloire à notre maître.

P. E.

L^{E} LETTRE

A BUCHEZ

2 octobre 1829.

Quelques mots sur votre lettre, mon cher Buchez. Je vais prendre plusieurs passages qui me paraissent impliquer contradiction avec mes généralités sur l'avenir.

Vous dites que dans l'avenir, contrairement au

dogme du passé et par déduction des principes généraux, la direction de la famille viendra de l'homme ou de la femme *suivant que l'un ou l'autre occupera dans la hiérarchie sociale un rang plus élevé.* Si je conçois bien ce que c'est qu'un mariage *assorti,* et je n'en conçois pas d'autre (en thèse générale) pour l'avenir, le grade d'une femme sera celui de son mari. On ne dérogera pas dans l'avenir, et ce serait un mariage monstrueux que celui de deux êtres dont l'un serait supérieur à l'autre. Ce qui ne veut pas dire, remarquez-le bien, qu'ils feront les mêmes choses, ou du moins qu'ils concourront au même but de la même manière ; au contraire, suivant moi, ils procéderont de deux manières différentes.

Quant aux fonctions sociales, dites-vous encore, on ne considère que l'aptitude ; peu *importe* qu'elle soit revêtue d'une enveloppe noire ou blanche, mâle ou femelle. Remarquez que ceci est résoudre la question par la question ; car, selon moi, *il importe beaucoup* de regarder si l'enveloppe mâle ne recouvre jamais un individu qui comprenne tous les besoins généraux de la Société et réciproquement pour l'autre enveloppe, c'est-à-dire qu'il existe une foule de choses qu'un homme ne sent pas aussi bien qu'une femme, et réciproquement.

Votre argument relatif à l'unité ne détruit en rien le mien, puisque je dis que l'ensemble des besoins éprouvés par l'humanité (qui comprend des hommes et des femmes) forme une *unité* qui ne peut se trouver que dans l'union sympathique d'un homme et d'une femme-type ; or ceci n'exclut pas l'unité de *vouloir,* car personne ne *veut* ce qui est utile aux hommes *et* aux femmes comme un homme *et* une femme qui s'aiment. L'unité n'est pas un cerveau, comme vous le dites, car le jeu d'aucun cerveau n'est *complet,* quand il ne joue pas simultanément avec un autre qui est son complément obligé.

Ce n'est pas parce que l'hypothèse de l'unité dans un cerveau est la première qui se présente à l'esprit qu'il faudrait l'adopter. La première idée qui se présente à l'homme, c'est qu'il existe, la seconde c'est qu'il n'est pas seul, et alors il comprend que son être n'a de réalité que parce qu'il s'associe à d'autres êtres. En d'autres termes, l'unité n'existe pour l'homme (être sociable) que par l'association au moins avec *un*, disons mieux encore, avec *une*, cas c'est la première association sans laquelle il n'y aurait pas d'espèce humaine.

Vous me faites dire que le pape femelle aura la capacité *sentimentale ;* et l'argument qui précède, roulant sur le *priori* et le *posteriori* que vous faites synonymes de sentiment et de raisonnement, vous fait lutter contre une pensée qui n'est pas la mienne. J'ai dit que la femme était sous le rapport *sentimental* sympathique *a priori* et l'homme *sous le même rapport* sympathique *a posteriori.* Je dirais également *dans l'ordre scientifique* que la femme me paraît plus synthétique et l'homme plus analytique, et j'entends par là qu'elle réglera toujours plus vite que l'homme ses actes d'après les principes généraux de la science ; d'où il résulte qu'elle apercevra plus vite que l'homme si un fait nouveau contredit une théorie admise, et qu'elle serait la nouvelle idée générale qu'il faudrait substituer à l'ancienne, tandis que l'homme *coordonnerait* mieux qu'elle les faits observés d'après cette nouvelle idée générale. De même enfin, dans l'ordre industriel, la femme sera plus vite blessée que l'homme d'un besoin non satisfait par ses travaux, l'homme saura mieux qu'elle combiner les efforts pour exécuter ce travail.

Mais tout ceci n'empêcherait pas que, si j'adoptais le rapprochement que vous faites entre *priori* et sentiment d'une part et *posteriori* et raisonnement de l'autre, je ne déclarasse encore du plus profond de mon cœur, que la femme est organisée plus sentimentalement que l'homme, et que cela tient justement à ce que, quoique l'homme soit un être sympathique, il l'est *a posteriori* PRINCIPALEMENT, tandis que la femme l'est *a priori* toujours principalement.

Le plan que vous faites et qui consisterait à avoir tantôt un pape tantôt une papesse me paraît radicalement vicieux ; je ne vous rappellerai pas qu'on a dit souvent que là où règne une femme ce sont les hommes qui gouvernent, et réciproquement, quoique ce soit assez fondé ; mais je dirai qu'*a priori* il y a répugnance à croire que la femme puisse remplir *les mêmes* fonctions que l'homme et que cette répugnance, si bien fondée quant aux observations anatomiques, l'est également par les remarques psychologiques et idéologiques suivant moi ; j'ajoute même que si les remarques sous ces deux derniers rapports (sentimental et intellectuel) ne concordaient pas avec les observations anatomiques, il y aurait là un vide qu'il faudrait s'empresser de remplir, car à *priori* ce vide ne peut pas exister.

Vous me dites à propos de cela que j'assigne à l'avance un rôle toujours le même à tel sexe ou à tel autre. Remarquez d'abord que *ce rôle embrasse* tous les groupes humains ; ensuite j'assigne à la femme un rôle, comme je dis que c'est elle à jamais qui accouchera. Je le lui assigne parce que je trouve que ses facultés l'y portent ; aussi est-ce là toute la question entre nous, et je m'étonne que vous n'ayez pas relevé le principe psychologique sur lequel s'appuie mon argument ; ce principe, s'il est détruit, me laisse sans défense. Or le voici : homme et femme, tout être humain aime, et veut être aimé, mais ce *qui domine* chez les femmes, c'est qu'elles aiment ; chez les hommes, c'est *qu'ils veulent être aimés*.

Maintenant vous faites l'hypothèse de l'unité de vue, venant à cesser, qui amène l'anarchie ou l'hypocrisie. Votre thèse n'est pas heureuse, c'est celle des mauvais ménages, et nous marchons vers l'époque où il y en aura le moins possible. Sans cela, la doctrine ne vaudrait pas la peine qu'elle nous donne. Mais s'ils sont rares dans l'avenir parmi les fidèles, l'hypothèse d'une séparation de vues, et par conséquent de corps, entre un pape et une papesse est réellement prodigieuse et ne peut pas compter comme argument.

Vous vous trompez en disant que personne n'a songé à faire Dieu mâle ou femelle. C'est le reproche contraire que vous devriez faire ; vous pourriez me reprocher de reproduire une trop vieille idée. Mais vous ajoutez une phrase qui me paraît revenir sur une discussion importante entre nous, et qui expliquera mieux ma pensée ; je croyais cette discussion terminée. Vous dites : Dieu est-il divisible d'abord en deux personnes? (et vous entendez sans doute par là si on peut l'envisager d'abord sous deux aspects?) Oui sans contredit, c'est parce que tout peut être envisagé sous *deux* aspects, l'homme et Dieu lui-même, mais aussi parce que tout ce que nous envisageons est *un,* quoique décomposable, que nous avons l'idée de trinité ; ce troisième aspect est le *lien* des deux autres. *Priori, posteriori,* théorie, pratique, corps organisés, corps bruts, sont les premières sous-divisions que notre esprit applique à tout ; et, quand nous voulons concevoir comment les théoriciens et les praticiens peuvent s'unir et concourir au même but, nous voyons ces êtres qui, comme vous le dites fort bien, sentent le besoin des théoriciens et des praticiens, et mettent l'amour entre eux pour les unir : ces êtres sont ceux qui nous représentent le mieux l'unité humaine. Oui Dieu est mâle et femelle, car les deux sexes existent dans la nature entière, mais avant toute chose, il est *un,* c'est-à-dire qu'en lui l'idée et la forme, la parole et l'action sont harmoniquement confondues, quoiqu'elles se révèlent à nous successivement par abstraction. Je vous avoue que j'aurais voulu savoir sur quoi vous fondiez le ridicule que vous prétendez attacher à Dieu hermaphrodite. La doctrine chrétienne elle-même, quoique je ne sache pas qu'elle ait formellement exprimé ce dogme (ce qui était impossible eu égard à l'état des femmes à cette époque), ne le renferme-t-elle pas cependant assez clairement, puisque c'est de l'homme fait à l'image de Dieu, que la femme a été extraite ou abstraite ? L'homme primitif était donc, aux yeux du chrétien, androgyne dans sa forme la plus parfaite, dans sa forme divine. Peut-être direz-vous qu'il existe bien des hommes qui sont femmes et réciproquement, mais en vous énonçant ainsi, vous exprimeriez précisément la même chose que moi, savoir que le mot homme veut dire tout autre chose que le mot femme, et il s'agit entre nous de savoir ce que, en général, ces deux mots veulent dire. Mais ceci même serait une preuve de la nécessité d'unions anomales dans lesquelles la femme exercerait les fonctions habituelles de l'homme, et cela ne prouve rien en faveur de l'unité de cerveau, unité qui me ramène à une objection que vous me faites encore et qui ne me paraît pas fondée.

Vous dites que les grandes conceptions se font toujours par une *seule* tête ; quoique vous ne l'exprimiez pas positivement, vous paraissez croire que nécessairement à *deux* on ne peut pas faire grand chose de bon ; vous oubliez, mon cher, que les *concepteurs,* les inventeurs, les poètes ont toujours été amoureux ; relisez l'épître de Ballanche à Mme Récamier : vous y verrez je crois, *en partie* ce qu'un *cerveau* d'homme cherche toujours dans un *cœur* de femme. La fable de Numa et d'Égérie n'est pas vide de sens, et Jésus lui-même n'est-il pas l'enfant d'un être *tout amour* et d'un autre être *tout esprit?* Or Jésus, c'est la grande pensée de Dieu, c'est sa révélation la plus magnifique. Vous ne vous faites, je pense, aucune raison contre les femmes de ce que, jusqu'à nous, elles n'ont pas montré qu'elles eussent le cerveau assez large pour comprendre la société, et par conséquent la diriger, car ce n'est pas l'étendue de leur cerveau qui s'y est opposée, c'est la nature des occupations sociales, jusqu'à ce jour; et ceci explique même comment c'est un homme et même un homme qui n'avait pas de relations intimes avec aucune femme supérieure, qui a pu faire ce que Saint-Simon a fait; mais il y a quelque chose de démontré pour moi, c'est que l'absence de l'idée *femme* se montre partout, encore dans Saint-Simon, et que sa doctrine ne deviendra même *populaire* que lorsqu'elle aura revêtu la *grâce* que la femme sait donner à tout ce qu'elle aime. Oui, mon cher, ces formes arrondies, adoucies, cette peau délicate, cette bouche dont il ne semble pouvoir sortir que paix et bonheur, tout cela se trouve réuni sous nos yeux dans un être, pour nous indiquer *matériellement* ce que nous devons attendre de lui *sentimentalement et intellectuellement*. C'est à nous de comprendre l'idée que Dieu a mise dans ces formes si tendres, qui semblent chercher sans cesse un appui robuste dont elles effaceront la rudesse en l'entourant de replis amoureux. Et vous-même, mon cher Buchez, n'éprouvez-vous pas constamment, quand il vous arrive de faire quelques vœux sur notre propre perfectionnement (et qui ne fait pas de pareils vœux?) qu'une femme seule pourrait vous donner une foule de choses que vous n'attendez jamais d'un homme, quelque aimant qu'il soit, parce qu'un homme ne vous aimera jamais comme une femme pourrait vous aimer, et j'entends ici l'amour le plus chaste. Soyez-en sûr, l'homme le plus parfait que vous puissiez imaginer aura toujours à gagner dans l'amour d'une femme, et réciproquement ; or notre but est de tirer *toute la valeur possible* des facultés de *tous*, et un pape seul serait toujours plus faible qu'un pape uni à une papesse ; je ne crains pas de le dire, il n'y a que des souvenirs chrétiens qui puissent s'opposer à cette idée ; ce n'est qu'en considérant la femme comme un instrument de perdition ou peut-être même comme un objet indifférent (ce qui serait encore plus faux que l'idée chrétienne) qu'on peut combattre l'idée des couples telle que je l'ai présentée, c'est-à-dire comme étant le moyen de donner à l'homme aussi bien qu'à la femme toute leur valeur. L'homme le plus grand, la femme la plus sublime se cherchent toujours : la doctrine doit leur donner le moyen de se trouver.

J'espère avoir combattu la plus grande partie de votre répugnance, mon cher Buchez, et je le désire vivement, parce que personne plus que vous peut-être, entre nous tous, n'est capable de sentir tout ce qu'il y a de *générateur* dans l'union de l'homme et de la femme : et, permettez-moi de vous le dire, vous faites sur ce sujet comme sur le sujet religieux, vous luttez plus que nous contre une idée qui est cependant plus en rapport avec votre organisation qu'elle ne l'est peut-être avec la nôtre ; vous êtes aimant et vous refusez les dons de l'amour, comme vous combattiez Dieu, vous qui êtes éminemment *dévot* ou dévoué ; vous refusiez la vie céleste, vous qui étiez prêt plus que d'autres à donner votre vie terrestre pour vivre éternellement dans la mémoire de vos frères. Mon cher ami, pour nous qui sommes déjà vieux, qu'avons-nous à faire si ce n'est de désirer pour nos jeunes frères un bonheur dont nous ne jouirons sans doute pas nous-mêmes, un bonheur que nous ne pouvons apprécier que par des regrets et qui est encore pour eux une espérance ; appelons avec ardeur, comme je le disais à Duveyrier, l'époque où toute âme aimante pourra s'unir à celle qui, seule, sera capable de compléter son existence. Et ne sentez-vous pas comme moi qu'il vous *manque* quelque chose, et que, malgré l'affection qui nous lie par Saint-Simon, vous *n'êtes pas aimé* par un être qui ait fait de votre vie la sienne? Prêtres de la nouvelle église, si nous voulons parler le langage divin, si nous voulons pincer la lyre du poëte, il faut que nos chants se fassent entendre des hommes, mais aussi des femmes. Et comment en serait-il ainsi si nous ne les appelions pas avec amour, si nous ne leur demandions pas d'unir leurs voix aux nôtres? Jésus a parlé la langue des esclaves.

P. E.

LIe LETTRE

A RESSEGUIER

Saint-Flour, 3 octobre 1829.

Mon cher Resseguier, j'ai quelques heures libres, j'en profite pour vous écrire, quoique je sois fatigué des mauvaises voitures qui m'ont fait traverser le plus vilain pays que j'aie jamais vu.

Avant toutes choses, je veux d'abord vous rappeler ce dont j'ai chargé Marquier et vous avec instance : c'est de faire agréer mes excuses à madame votre mère, et de lui expliquer ce que je conçois à peine moi-même, mon excessive impolitesse. J'espère qu'elle voudra bien me la pardonner, et vous lui direz que je sens doublement ma faute, parce que, maintenant que nous sommes sûrs de vous voir à Paris, ma mère se fait déjà un plaisir de vous connaître, et de donner ainsi une tranquillité plus grande à la vôtre qui saura qu'elle aura à Paris un remplaçant près de vous.

Marquier vous aura raconté nos faits et gestes; je n'y reviendrai pas, si ce n'est pour féliciter encore une fois ce brave ami d'avoir embrassé largement la voie saint-simonienne; le séjour qu'il va faire avec vous l'achèvera. Lisez ensemble les morceaux les plus importants, et *surtout les sujets;* Marquier n'en est plus au moment où l'on craint d'effaroucher un homme; il sait que les détails viendront peu à peu se classer dans sa tête quand les généralités y seront; et Dieu merci il les tient assez bien maintenant pour ne pas se laisser rebuter par aucune difficulté.

Le résultat de nos deux jours à Albi a été pour Marquier, comme vous l'aviez éprouvé pour vous-même, le désir de revenir attentivement sur le christianisme, sur les grands hommes ; j'espère que vous réaliserez l'un et l'autre une aussi bonne intention, et je vous engage même à profiter du séjour de Marquier pour lire ensemble les quatre Évangiles et les Épîtres, car il est bien de commencer par les maîtres. Marquier et vous m'accusiez de faire nos pères plus grands qu'ils n'étaient ; vous verrez si j'ai été flatteur ; je vous promets que plus vous y réfléchirez, et plus vous verrez qu'au milieu d'une foule de choses qui étaient évidemment instructives, non *raisonnées*, se trouvent des passages qui dénotent évidemment une *intention* progressive profondément *calculée*. Mais n'oubliez pas l'un et l'autre que je vous ai avertis que, dans un pareil travail, on n'était pas toujours sur des roses, et que, pour le faire avec fruit, il fallait se décider à avaler de temps à autre quelques longues heures d'ennui. Je reviens encore sur le reproche de *grandir* les chrétiens. J'ai déjà écrit, je ne sais où, que

Moïse avait paru plus grand ainsi que les prophètes depuis la venue du Christ, et que Saint-Simon élèverait encore plus haut qu'ils ne l'ont été et Moïse et Jésus lui-même. Ceci me paraît d'une vérité parfaite, et la raison en est que Jésus, apprécié par des peuples encore barbares, n'a pas été jugé comme nous pouvons le faire.

Rappelez-vous, mon cher Resseguier, ce que je vous ai encore recommandé pour ces lectures ; quand vous aurez lu la Bible d'un bout à l'autre pour saisir l'ensemble des développements du monothéisme dans les deux premières phases, quand vous aurez par là apprécié quelques-uns des points capitaux qui différencient la loi juive de celle du Christ, prenez pour tâche de parcourir ensuite ce grand livre pour y étudier un seul fait. Proposez-vous, comme je vous l'ai dit, de chercher ce qui concerne les femmes, ou les industriels, ou les guerriers, ou les esclaves, etc. Établissez, par l'étude des textes sacrés, votre opinion sur les miracles, sur les dogmes, sur les pratiques. Cherchez toujours l'esprit que recouvre la *lettre,* et en jouant ainsi quelque temps avec une Bible, vous aurez beaucoup accru vos forces pour la doctrine.

Vous pouvez en juger par ce qui est arrivé

chez vous ; si je ne me trompe, ce qui a fait le plus d'effet, non-seulement sur vous, Marquier, Bouffard, mais même aussi sur Borrel, Lades, dirais-je aussi sur Rivals, c'est ce que j'ai dit pour réhabiliter à leurs yeux le christianisme ; surtout quand je leur ai fait sentir que les hérésies n'étaient pas bagatelles, mais bien les meilleures armes contre la critique, dans une meilleure appréciation des grands hommes qui depuis si longtemps ont dirigé le mouvement progressif de l'espèce humaine.

Il me tarde de recevoir à Paris une lettre de vous, qui me mette au courant de l'état de votre église, qui aujourd'hui commence réellement à être importante. Occupez-vous au plutôt des moyens de vous voir plus souvent, sinon tous ensemble, ce qui serait peut-être difficile, au moins deux ou trois. Que Bouffard n'oublie pas qu'il a promis de faire entrer d'ici à peu de temps deux de ses amis de Castres ; jetez les yeux sur les hommes qui ont le plus d'influence libérale, pour les sauver du gâchis constitutionnel, et pour cela Marquier a mérité déjà une mention fort honorable au sacré collége ; dites-lui même qu'il me ferait bien plaisir si, dans telle forme qu'il lui plaira d'employer, il mettait sur le papier la verve qui nous a tant fait rire. Je ne lui demande que le quart de tout ce qu'il nous a dit, et je serais sûr d'avoir là un excellent morceau pour l'*Organisateur*. Je serais même bien aise (non pas pour l'usage que je viens d'indiquer, mais pour ma propre satisfaction) qu'il me fît part de la réponse qu'il fera à M. LA FRANCE NE PÉRIRA PAS.

Dites à Encely de ne pas oublier qu'il m'a promis de m'écrire, et je n'attends pas seulement qu'il me donne son avis sur l'ouvrage de Prunelle que je lui ai laissé, ce qui est peu important pour la doctrine; qu'il m'écrive sur quoi que ce soit, sur ses doutes, sur ses espérances. Ce dernier mot m'engage à vous dire encore quelque chose sur le sujet qui tracasse tant Encely; il se casse bien la tête pour formuler la nouvelle *cité de Dieu*, c'est-à-dire pour savoir de *quelle manière* l'existence individuelle se perpétuera. Cela me rappelle ce que disait Saint-Simon lorsqu'on se perdait dans la recherche des moyens d'exécution. Laissez faire, lorsque les savants, les industriels et les artistes seront à la tête de la société, ils ne seront pas si embarrassés que vous. De même je ne crois pas qu'il soit nécessaire en *ce moment* de savoir quelles seront les récompenses ou plutôt les nouvelles initiations réservées à l'humanité et à l'individu, après l'accomplissement de leur tâche terrestre ; et nous devons nous efforcer de concevoir d'abord que l'idée de Dieu et celle du néant pour l'homme sont inconciliables ; que l'idée de l'éternité pour l'individu est une conséquence de l'idée de Dieu ; qu'en morale la croyance en Dieu sans vie future est presque une niaiserie, et que du moment où on admet une intelligence et un amour infinis, un monde matériel sans limite, l'homme, s'il sent qu'il est une partie de ce prodigieux phénomène, se trouve lié nécessairement avec son avenir éternel.

J'ai repris ma lettre à Clermont, n'ayant pas eu la force de la finir à Saint-Flour où j'étais très-fatigué. Je m'en félicite, puisque cela me donne l'occasion de vous envoyer une lettre de Duveyrier à madame de Roissy, lettre que vous m'avez fait passer. A propos de cette lettre je pense que j'ai à régler avec vous un petit compte de ports de lettre ; joignez cette note, je vous prie, à celle que vous devez m'envoyer pour les abonnements de l'*Organisateur*, qui, par parenthèse, va de mieux en mieux, à ce que me dit Eugène ; je vous promets que nous allons lui donner de bons coups d'épaule à Paris. On ne me dit pas où en sont les abonnements ; occupez-vous-en toujours, il faut augmenter le nombre des lecteurs si vous ne voulez pas que la souscription volontaire vienne vous frapper.

Vous serez, je pense, enchanté comme je l'ai été de la lettre de Duveyrier, vous verrez comme il sait déjà jouer avec le Père, le Fils et le Saint-Esprit, c'est-à-dire avec l'amour, la science et l'industrie ; comment il manie le *priori* et le *posteriori,* et surtout vous apprécierez son cœur. C'est une belle et bien bonne acquisition de l'école ; je suis sûr qu'il vous tardera bientôt d'embrasser ce nouveau frère. Je vous ferai passer de Paris une troisième lettre et les réponses de madame de Roissy.

Encore un mot avant de fermer ma lettre. Rappelez-vous toujours que la plupart des idées capitales nouvelles que j'ai discutées avec vous (les femmes, la lettre d'Eugène et le morceau qui la suit sur la justification de la matière) sont encore en élaboration dans le sein de l'école. Je vous les ai livrées comme indication de la route dans laquelle nos esprits vont travailler, pour que vous ne restiez pas en arrière, et même pour que vous nous aidiez à y faire des pas ; usez-en sobrement, quand vous monterez en chaire, songez-y beaucoup dans la sacristie.

Vous auriez tort de ne pas donner à Rivals quelques morceaux qu'il se fera lire ; ceux sur la législation, sur la propriété, quelques-unes des leçons de Bazard et particulièrement celle sur l'éducation, même ma lettre à Decaen. Et enfin exercez-vous à la patience en discutant quelquefois avec lui, dût-il vous dire de grosses sottises. Ceci, je vous le dis, non pas pour Benjamin qui mourra dans l'impénitence critique, et avec le bonnet de coton constitutionnel sur la tête, mais toujours en vue de vos auditeurs. On fait souvent marcher les gens plus vite en tapant sur le dos de leurs voisins.

Adieu, cher frère, je vous embrasse de bien bon cœur, car j'ai eu bien du plaisir à vous trouver aussi chaud d'admiration pour notre maître, d'amour pour la doctrine et d'affection pour nous.

P. E.

LIIe LETTRE

A THÉRÈSE

Paris, octobre 1829.

Moi bouder ! et bouder contre toi, ma chère Thérèse, voilà deux calomnies. Apprends d'abord que je n'ai reçu la lettre que tu m'as écrite à Clermont que depuis deux jours seulement; pressé d'arriver j'ai brûlé la politesse à M. Deprado, ignorant qu'Adrien était chez son oncle au moment de mon passage. Loin de te bouder, j'aurais pris la plume, quelles que fussent mes occupations, pour répondre à tes gronderies amicales et les faire cesser si c'est possible. Pour cela j'aurais essayé de donner à la lettre que je t'aurais envoyée la plus jolie figure de lettre qu'il m'eût été possible d'imaginer. J'aurais fait en sorte qu'en la lisant une personne qui ne m'aurait jamais vu eût pu dire (elle devrait craindre de se tromper suivant toi) : Dieu ! combien je voudrais voir l'être qui a tracé ces lignes si tendres, si aimantes !

J'aurais fait sans doute une œuvre inutile auprès de toi ; tu n'aurais pas vu ma bouche mieux faite, mes yeux ne t'auraient pas semblé mieux que tu ne les connais, je ne serais pas apparu à ton esprit plus beau qu'Apollon, mais tu te serais peut-être demandé à toi-même : *Comment se fait-il que ce Prosper avec sa* FUREUR *du beau, avec sa* PASSION *pour la doctrine, avec sa* VIVACITÉ *de cœur, ait l'œil quelquefois presque éteint, mort, d'un* CALME *qui annonce l'engourdissement? Pourquoi, lui qui prétend, qui croit être un des maîtres de l'avenir, un des chefs de l'humanité régénérée, lui qui sent que Saint-Simon l'élève au-dessus de tous les hommes, a-t-il une démarche quelquefois embarrassée, le corps courbé? Pourquoi sa tête ne s'élève-t-elle pas droite sur ses épaules? Pourquoi enfin n'a-t-il pas les formes sous lesquelles* J'AIMERAIS A VOIR *le Paul de nos jours?* — Tu te serais fait toutes ces questions, ma chère amie, car Dieu t'a donné, comme à moi, cette admirable faculté qui nous fait fuir les dissonances et aimer l'harmonie. Regarde la mère qui tient dans ses bras son espoir, son *avenir*, son fils ; qui voit en lui, au moment même où ses yeux s'ouvrent à la lumière, un rayon de l'intelligence divine; observe comme elle suit tous ses mouvements pour qu'ils ne blessent pas ce corps fragile, comme elle évite tout ce qui pourrait empêcher cette jeune plante de croître, de s'embellir, comme elle cherche à découvrir en lui les *traits* d'un père qu'elle adore; ce pauvre petit, elle le baigne pour lui donner des *forces;* voyez, dit-elle, n'est-ce pas un Amour? Ces cheveux bouclés qui couvrent ses épaules, cette bouche qui sourit à sa mère, ces yeux qui cherchent les yeux qui l'aiment, et cette main caressante qui ne se fermera pas même pour les méchants; tous ces présages la tromperont-ils? Cet enfant chéri ne sera-t-il pas aimé par tous un jour comme elle l'aime? Et celle qui lui donnera ce qu'une mère ne peut donner, celle qui viendra compléter son être, ne verra-t-elle pas en lui la *forme* qu'elle a rêvée, l'ange qui, dans ses projets d'avenir, lui promettait le bonheur.

Eh! ne m'accuse pas de réserver mon admiration pour l'enfance et l'adolescence; songe à ces *beaux* vieillards au front calme, à l'œil serein et tendre; ces blancs cheveux qui couvrent leur tête, ne t'annoncent-ils pas une jeunesse vertueuse? Cette démarche tranquille, assurée, ne te révèle-t-elle pas l'avenir qu'ils attendent, et vers lequel ils s'avancent avec confiance, parce que leur passé ne leur promet que des joies nouvelles? Crois-tu donc que mon Dieu que tu appelles injuste, se fasse un plaisir de nous tenter, de nous tromper sans cesse? Sans doute tout ce qui est BEAU n'est pas BON, mais lorsque nous élevons un temple à Dieu, ne cherchons-nous pas à lui donner les plus BELLES proportions que nous puissions concevoir? Lorsque nous lui adressons des prières, ne cherchons-nous pas à élever, dans nos hymnes, la *parole* humaine au niveau de la *pensée* divine qui *anime* le prêtre? Et toi, chrétienne, as-tu oublié ces vierges de Raphaël, ces *figures* si douces, si pures, si aimantes qu'il présentait à l'adoration des peuples? Ce Jésus enfant, dans les bras de sa mère, ne vois-tu pas *dans ses yeux* toute la grandeur de son origine et de sa destinée?

Bénissons Dieu, mon amie, de ce qu'à leur insu les chrétiens ont été inconséquents, de ce que la CHAIR, qu'ils ont toujours voulu châtier comme une ennemie, leur a paru quelquefois encore une manifestation de la divinité;

de ce qu'ils ont puisé encore à cette source de la poésie. Admirons ces temples superbes, où le luxe de la *matière* a été prodigué, et ne disons pas, comme de vrais protestants, qu'on prie aussi bien entre les quatre murs d'une grange, ou comme Voltaire et tant d'autres, que le temple de Dieu c'est la nature entière, la boutique du savetier aussi bien que Saint-Pierre de Rome; admirons les *pompes* de ce culte catholique, ces riches *costumes*, cette *musique* sacrée, ces *ornements* de l'autel et ces *parfums* mêmes, et ces *cloches* qui font vibrer le cœur des fidèles, et ces *tableaux* où les souffrances des martyrs faisaient palpiter la foi. Admirons l'Église qui n'ordonne pas un prêtre *mutilé*, mais jugeons sa décadence, lorsque nous trouvons avec tant de peine, dans les rangs du clergé, ces nobles *figures* franches, ouvertes, pleines de dévouement et d'espérances, ces *enveloppes* d'âmes généreuses qui naguère se précipitaient sous les drapeaux du César moderne.

Je peux te parler ainsi, ma chère amie, car je te connais; je sais que tu peux voir Dieu, même dans la créature chargée d'épaulettes, même dans celle qui a versé le sang, mais qui l'a versé pour sa patrie; tu aimes ces hommes qui n'ont jamais reculé devant les sacrifices que leur commandait *l'honneur*, c'est-à-dire le désir d'être estimé de leurs semblables, et qui portent ce sentiment empreint sur leurs *faces;* et si tu formes des vœux pour la conversion de *quelques-uns* de tes frères en Jésus-Christ, c'est surtout pour ceux dont les *yeux* t'ont révélé la bonté.

Tu aimes à voir une belle créature, me dis-tu; mais de là au point où j'en suis, tu ajoutes : IL Y A LOIN. Que t'ai-je donc dit? Je t'ai expliqué pourquoi je jouissais à ce spectacle; tu ne me le dis pas, toi, et je te défie d'essayer de te rendre compte de ce sentiment que tu éprouves par d'autres raisons que celles que je te donne, si tu veux raisonner en croyante, et non en athée, si tu veux rattacher ton amour pour le beau à ton amour pour un Dieu qui hait le mensonge, la tromperie, la ruse. Je regrette de ne pas avoir gardé copie de la lettre que je t'écrivais de Foix (et je te prie même, quand tu en auras le temps, d'en faire une et de me l'envoyer); je le regrette, parce que je serais curieux de voir, d'après l'effet qu'elle a produit sur toi, comment mon admiration pour la beauté de ce que tu appelles toi-même les œuvres du Créateur, a pu te paraître presque une *impiété;* je pourrais alors rectifier plus facilement ton opinion.

Tu as bien interprété les chiffres que j'ai mis sur ces trois mots : *bon, sage* et *beau;* oui, c'est la *bonté* qui domine avant tout dans ce que j'aime ; car Jésus n'a-il-pas dit lui-même : IL LUI SERA BEAUCOUP PARDONNÉ, PARCE QU'ELLE A BEAUCOUP AIMÉ ? C'est la *sagesse* ensuite, enfin c'est la *beauté* qui m'attire, parce que je vois en elle la manifestation *la plus probable* de la *bonté* et de la *sagesse*, et j'entends par la *sagesse,* la faculté au moyen de laquelle nous mettons de *l'ordre* dans les impulsions de la *bonté*, dans les excitations de la *beauté,* et c'est parce que Dieu me paraît être la *bonté*, la *sagesse,* la *beauté* infinies que *j'admire* ce qui est *beau*.

Mais tu vas me répéter encore que tout ce qui est beau n'est pas toujours sage et bon, que tout ce qui est sage n'est pas toujours beau, ni même toujours bon, enfin que tout ce qui est bon n'est pas toujours sage et beau. Et cela m'empêchera-t-il, lorsque je verrai quelque chose de *bon,* de chercher à le rendre sage et à l'embellir, lorsque je verrai un être qui met de *l'ordre* dans ce qu'il fait, qui est *sage*, de l'*échauffer*, de peur que sa sagesse ne tourne en indifférence, et de lui conseiller de revêtir des *formes* qui fassent *aimer* la *sagesse*; et si je trouve une *jolie tête* de vierge, ne sera-ce pas à elle *surtout* que je voudrai apprendre à être *sage*, mais aussi à beaucoup aimer? Dieu ne nous a-t-il pas donné ces trois moyens de nous améliorer les uns les autres, de nous compléter en nous donnant réciproquement ce qui nous manque ; et ne nous éclaire-t-il pas lui-même, en nous aidant à discerner quelques-unes des choses qui peuvent nous faire espérer les plus heureux résultats ?

Écoute maintenant ce que je vais te dire, j'appelle tes plus profondes réflexions; je te demande de recueillir toutes tes connaissances chrétiennes, et je vais te rappeler ce que tu me dis avoir oublié sur la Trinité.

Tout ce que je viens de te dire sur le *bon*, le *sage* et le *beau*, c'est comme si je t'avais parlé du *Père*, du *Fils* et du *Saint-Esprit*, non que j'entende par là que les chrétiens aient conçu absolument de la même manière ces trois personnes de la divinité (une dans son essence), mais parce que cette triple révélation, faite par Jésus, préparée d'une part par les prophètes juifs, de l'autre par les philosophes platoniciens, doit être aujourd'hui *complétement dévoilée* par l'esprit de vérité. Je parle de philosophes platoniciens, parce que, évidemment les philosophes ont préparé la vocation des gentils; leurs travaux étaient un des termes de la série des décrets de Dieu.

Dieu est *Un*, ai-je dit comme les chrétiens, mais pour se révéler à l'humanité, pour *toucher* l'homme, pour être *compris* par lui, son immuable *unité* s'est *divisée* : elle est apparue *matériellement* à Moïse pour un peuple encore enfant; elle s'est analysée *spirituellement* pour les chrétiens, lorsque les juifs *s'abrutissaient* en restant trop longtemps dans les langes de la *lettre ;* les juifs ne purent pas voir Dieu *face à face,* les chrétiens ne le purent pas non plus; nous ne le pouvons pas davantage, car nous sommes, comme eux, des hommes; nous sommes des êtres *finis* pour qui l'Être *infini* est un mystère, devant lequel nous abaissons notre faiblesse, mais aussi vers la vue duquel nous élevons toutes nos espérances.

Cette nécessité où se trouve l'Être fini de

diviser Dieu pour *comprendre* sa volonté qui est *une*, Dieu lui-même te l'a suffisamment démontrée, à toi, chrétienne, puisque pour te sauver, il t'a envoyé son Fils, et il s'est revêtu en lui de cette forme humaine, de cette forme *finie*, sans laquelle tu n'aurais jamais pu monter jusqu'à lui ; c'est par le Fils que tu vas au Père, et qui ne connaît pas le Père ne connaît pas le Fils, c'est-à-dire : qui ne conçoit pas que l'infini existe ne connaît pas ce que c'est que la manifestation *finie* de cette unité *infinie?* Cette nécessité, dis-je, est le mystère éternel pour l'homme, mystère que partout il rencontre, mystère qui est le seul secret de sa propre existence; car pour nous connaître nous-mêmes, nous sommes obligés de nous *diviser* par la pensée, et d'expliquer *l'ensemble* de notre être par l'examen de toutes ses *parties*.

Ainsi, figure-toi, pour un moment, qu'ignorante sur ce que c'est que l'être humain, tu voulusses comprendre cette *machine pensante;* ces deux mots *machine* et *pensée* annoncent que la première division que tu ferais serait celle de *matière* et *d'esprit;* et tu demanderais d'abord, comme les juifs à Moïse, que cet être se fît *voir* et *toucher* par toi ; c'est par tes propres *sens* que tu commencerais ton étude; mais bientôt, sous peine de te laisser *abrutir* toi-même par le contact avec ce *cadavre inanimé*, tu serais obligée de passer à une autre étude, dans laquelle tes mains, tes yeux, tes oreilles, etc. ne seraient pas directement tes instruments d'observation, en d'autres termes, tu t'identifierais, par la *pensée* avec les *pensées* de cet être, après l'avoir longtemps observé comme une masse *passive*, tu le regarderais comme une intelligence *active*, comme un pur *esprit*, et peut-être alors te plongerais-tu, comme tu l'avais fait avant pour la lettre, dans le royaume des *esprits*, en oubliant que la division que tu aurais faite entre *matière* et *esprit* n'était qu'une simple observation de ton propre esprit, mais que l'être que tu observais n'était pas essentiellement double, et que tu ne l'avais ainsi divisé qu'à cause de la faiblesse de ton intelligence, qui ne te permettait pas de le concevoir, d'un seul coup, dans son *ensemble*; en d'autres termes, après avoir manqué de t'abrutir par le *matérialisme*, tu risquerais de te volatiliser au feu du *spiritualisme*.

En ce moment tu reviendrais sur tes études passées et tu dirais : Entre cette *matière* et cet *esprit*, à l'étude desquels je me suis livrée *successivement*, il existe un *lien*, car ces deux choses forment harmonieusement *un seul* être, et sont même tellement liées entre elles qu'il ne m'est pas possible de *réaliser* ces deux abstractions, c'est-à-dire de séparer tellement *l'esprit* de la *matière*, lorsqu'une fois ils ont été unis, que je puisse dire : Ici est la *matière*, là est *l'esprit*. Mais Dieu en posant ainsi des bornes à ta puissance d'analyse, de dissection, en te forçant à *réunir* ce que tes premières dispositions, suites de ton ignorance, t'auraient contraint à *diviser*, Dieu te révèle pourquoi *la lettre* juive était devenue mortelle, et comment *l'esprit* chrétien pourrait le devenir, si l'humanité ne faisait pas, par Saint-Simon, un retour sur le Nouveau et l'Ancien Testament, pour continuer enfin l'unité politique et religieuse, sur l'enseignement *judaïque* et l'enseignement *chrétien*, liés *harmoniquement* par une vue complète de l'Être éternel.

Ce n'est pas toi, ma chère amie, qui me reprocheras d'avoir trop d'admiration pour Moïse et les prophètes, d'autant plus que cette admiration ne fait qu'augmenter encore celle que j'éprouve en présence du christianisme; tu me dis que Marie se contentera d'être ma sœur en Jésus-Christ, ainsi que toi; mais le Dieu des chrétiens n'est-ce pas aussi le Dieu d'Abraham et de Jacob, le Dieu d'Israël, Jehova, celui qui *est, fut* et *sera* de toute éternité? Sois-en sûre, c'est aussi celui de Saint-Simon, c'est en *lui* que vous êtes mes sœurs.

Je vais m'efforcer de rendre plus claire la longue et difficile dissertation qui précède, par laquelle j'ai voulu te préparer à comprendre les actions de grâces que je rends à Dieu dans la *lettre* et dans *l'esprit* de la *volonté,* dans son *verbe* manifesté *matériellement.*

La *science* n'est pas tout ce que peut l'homme; il peut, d'après sa science, modifier la *matière*, être *industriel;* mais les richesses *intellectuelles* et *matérielles* doivent avoir un même but, *l'améliorer,* le rendre plus digne de *l'Être,* de la *vie* éternelle, de *l'amour* qui *anime* si *savamment* le *monde.*

Pour que l'homme s'élevât jusqu'à lui, Dieu a voulu d'abord que plongé, pour ainsi dire, dans la *matière,* presque semblable aux animaux, il ne manifestât son *être* que par ses appétits *physiques,* et la poésie biblique revêtit la parole du Seigneur de l'empreinte génésiaque particulièrement *matérielle*. Au christianisme une poésie nouvelle apparaît, qui porte l'homme dans le monde des *esprits;* l'immortalité de *l'âme séparée de la matière corruptible,* ces anges, ces trônes, ces dominations, les archanges, séraphins et chérubins viennent peupler ce monde *spirituel* dont les Pères de l'Église s'efforcent de chasser toute espèce de *matière,* quelque subtile qu'elle soit; et le chrétien modèle est l'homme en extase, qui attend le *ciel,* comme le juif avait été celui qui désirait le plus la *terre* promise.

Qu'en résulte-t-il? Les pharisiens perdent bientôt de vue *l'esprit,* la loi, ou plutôt ne cherchent point à découvrir cet *esprit* que la *lettre* annonçait, et ils le repoussent lorsqu'il apparaît en Jésus-Christ. Les disciples de Jésus à leur tour, par une heureuse et inévitable réaction, *trop faibles encore pour entendre la vérité,* n'en voient qu'une seule face, et négligent complétement *celle* qui avait un charme si exclusif pour les juifs; ils frappent, et avec raison, comme hérétiques, quelques hommes qui voulaient continuer les conceptions *matérielles* des juifs, conceptions que les chrétiens regardent comme *grossières*, comme attachant trop à cette *terre de boue,* à ce monde *matériel* foulé aux pieds par le roi du monde *spirituel*, par Jésus-Christ. Je dis que les chrétiens ont bien fait de foudroyer les manichéens, Pélage, Arius et tant d'autres, parce que leurs hérésies nous auraient maintenus trop longtemps dans les liens de la *chair,* lorsqu'il était nécessaire de négliger la *beauté* divine pour s'occuper de la suprême sagesse du souverain amour.

Alors aussi l'*aérien* Platon est cultivé par l'Église, tandis que le *terrestre* Aristote est ignoré. Les beaux-arts de la Grèce et de Rome restent enfouis et ne s'adressent plus à *l'esprit* et au *cœur* par l'intermédiaire des *sens;* les sciences *physiques* sont complétement négligées, *l'industrie* se développe à peine, car elle n'améliore que le sort *physique* de l'humanité; heureusement pour elle, elle est exercée par des *intelligences;* on ne la repousse donc pas, mais on la supporte, car le travail est une punition infligée à l'homme déchu; et si c'est par elle que la nature et l'homme *s'embellissent,* à quoi sert la beauté? Tandis que les sacrifices des Hébreux avaient tous un caractère *agricole,* tandis que la description du temple juif était, pour ainsi dire, le muséum des *Arts et métiers* du peuple de Moïse, le saint sacrifice de la messe prend un caractère *mystique*, et les clochers du moyen âge s'élèvent comme une dentelle légère suspendue dans les *nuages*, fuyant, pour ainsi dire, un *sol* indigne de les supporter.

Mais, après avoir soumis l'humanité au creuset du *christianisme épuré*, après lui avoir fait rejeter les scories de ce *monde corrompu*, après l'avoir détachée de cette enveloppe qui l'empêchait de prendre son essor vers un nouveau *monde* incorruptible, Dieu, satisfait de ses progrès, la jugeant bientôt prête à *réaliser* son règne de la *terre* comme dans le *ciel* qu'il venait de lui dévoiler, lui ordonna de faire un retour sur cette terre que son Fils avait inondée de son amour. Les sciences *physiques* furent pour ainsi dire *déterrées* avec les chefs-d'œuvre de la Grèce et de Rome; *l'industrie*, par l'établissement des communes, fit le premier pas qui devait enlever la *terre* à ses anciens maîtres, et, dans ses progrès vraiment divins, puisqu'ils étaient pacifiques, Dieu, n'en doute pas, lui prêta son appui et sanctifia ses *œuvres*.

Les *sciences*, les *beaux-arts*, *l'industrie*

doivent-ils aujourd'hui rentrer dans l'obscurité? Devons-nous, encore une fois, les repousser comme les œuvres d'un esprit tentateur, comme les piéges du Démon, comme les armes de *l'orgueil*, de la *haine*, de *l'avarice?* Dieu ne nous permettra-t-il jamais *d'aimer* le *monde*, de *connaître* le *monde*, de modifier par nos *travaux* ce *monde?* N'est-ce pas au contraire ainsi que nous lui prouvons notre *amour*, notre *intelligence* et l'utile emploi de nos *forces?* N'est-ce pas là le *culte* qu'il attend de l'humanité, après l'éducation qu'il lui a donnée par ses prophètes et par son Fils?

Oh! sois-en sûre, mon amie, nous marchons vers cette cité sainte, vers la Jérusalem nouvelle que les chrétiens ont pu *concevoir*, et que Dieu nous avait réservé *d'édifier;* le jour est venu où les hommes vont renvoyer aux anges cette parole sainte, qui d'une prophétie sera devenue un événement. Paix sur la terre (*Mémorial catholique* d'octobre), le jour est venu où Dieu va régner sur la *terre* comme dans le *ciel*, sur la *chair* comme sur *l'esprit*, où les sciences *physiques* vont rentrer dans le dogme, où les *beaux-arts* ne seront plus des plaisirs profanes, mais l'expression de la *morale* divine, où *l'industrie* sera le véritable *culte* de l'Éternel.

Alors tous les efforts des hommes tendront vers l'harmonie divine ; alors là où ils verront la *bonté* ils voudront y joindre la *sagesse* et la *beauté,* et, lorsqu'une Vierge se révélera à eux sous une *forme* angélique, ils se rappelleront qu'il fut un temps où cet Agneau sans tache était livré pour quelques pièces d'argent à un profane *immoral, ignorant* ou *difforme,* et ils ne s'étonneront plus que ce temps fût prodigue de *monstres*, de *sirènes* trompeuses, *d'anges* déchus ; ils ne s'étonneront plus, quand ils apprendront que les chrétiens ont pu croire que leur Dieu tendait sans cesse des piéges à la créature et cachait le serpent sous les fleurs ; mais ils béniront le Seigneur de leur avoir appris les douceurs de *l'union* de la *chair* et de *l'esprit,* de leur avoir révélé le mystère de son *unité* dans son *Fils* et dans *l'Esprit de vérité.*

Je crains d'être obscur avec toi, mon amie, et cependant je voudrais bien être compris ; car je te veux heureuse, et tu ne peux pas l'être avec ces idées sinistres qui inspirent une défiance, des craintes toujours nouvelles à ton cœur aimant ; je vais donc chercher à développer encore le paragraphe qui précède. Marie est jolie, elle touche bientôt à l'âge où le lierre délicat cherche un tronc robuste pour s'appuyer, pour ne former avec lui qu'un seul être ; je ne te fais pas l'injure de croire que tu n'es pas scandalisée comme moi de la manière dont se marchandent aujourd'hui les mariages, et tu gémis sans doute sur l'état antichrétien où nous sommes et dans lequel les convenances de *cœur* et *d'esprit* sont tout à fait négligées, tandis qu'on recherche seulement les convenances de *fortune ;* mais en exprimant ainsi le vice de la société actuelle, je te vois sourire, et tu penses que je me condamne moi-même ; détrompe-toi ; pourquoi les convenances selon la *chair,* celles de *fortune* par exemple, sont-elles, suivant moi et suivant toi, des chances de *malheur, d'inconduite, d'immoralité ?* Pourquoi le *cœur* le plus tendre, *l'esprit* le plus élevé sont-ils exposés à pourir (c'est le mot) en s'alliant par la *richesse* à une brute, à un automate qui n'a de force que pour détruire ? C'est parce que la richesse n'est pas l'apanage du travail, de l'activité ; c'est parce que la fortune est le lot de l'oisiveté. Mais Dieu ne vous offre-t-il pas, dans ce spectacle même, une grande leçon? N'entends-tu pas sa voix qui nous crie : Depuis que le monde est monde, je t'enseigne, homme incrédule, en te montrant les maux qui t'affligent, lorsque tu donnes la richesse à la violence, lorsque tu en fais le lot du hasard de la naissance ; je t'enseigne que cette richesse doit être le prix du travail, la récompense de tes sueurs, et qu'alors seulement elle sera légitime à mes yeux, puisqu'elle te donnera le bonheur *suivant tes œuvres.* J'ai détruit les tribus de mon peuple, lorsque j'ai voulu réunir toutes les nations dans une nation pour t'apprendre que vous étiez tous frères, que vous aviez tous la même naissance, et Rousseau lui-même a répété mon verbe divin, quoiqu'il ne l'ait pas compris tout entier. Oui, vous êtes FRÈRES, et vous marchez vers L'ÉGALITÉ, car vous avancez vers moi, et *je n'ai pas de maître;* oui, vous êtes FRÈRES, mais vos *pensées* seront diverses, vos *œuvres* seront différentes, tant que vous ne vous serez pas élevés à la *pensée divine,* à *l'œuvre universelle*, tant que vous ne vous serez pas plongés dans *l'éternel amour :* et je vous juge suivant votre *amour,* suivant vos *pensées*, suivant vos *œuvres*, car je veux vous donner *l'affection, l'estime* et les *richesses* de la terre, SUIVANT VOS MÉRITES.

Le jour est venu, ma chère Thérèse, où cette vérité, que Dieu nous a seulement enseignée, va être claire à tous; par Saint-Simon, nous entrons dans cette nouvelle ère où les convenances de *fortunes* devront être le complément des convenances du *cœur* et de *l'esprit*, où ce qui est *bon* et *sage* pourra s'allier à ce qui est *beau*, non-seulement sans faillir, mais en trouvant même, dans la *richesse* et la *beauté*, les moyens *d'adorer*, de *vénérer*, *d'admirer* d'avantage *l'Éternel*.

Alors un beau *corps* paraîtra la manifestation *matérielle* d'un *bon* être, comme une vaste *intelligence* donnera *l'idée* d'un grand *amour;* alors ce qui est *bon* ne sera pas uni à ce qui est *méchant*, comme ce qui est *beau* ne se flétrira pas dans les bras de ce qui est *laid*, comme un *esprit* élevé ne s'abâtardira pas par un contact forcé avec *l'ignorance :* et les enfants des nouveaux couples ne porteront pas sur leur front, dans leur démarche, dans tout leur être, l'empreinte de la gêne, de l'indifférence, du dégoût qui règnent aujourd'hui, entre leurs parents, et l'on pourra dire enfin avec justice, tel père, tel fils; et la mère se verra renaître dans sa fille plus *belle, meilleure,* plus *sage* qu'elle ne l'était elle-même dans ses plus beaux jours.

Voilà encore un de vos rèves, me diras-tu, vous voulez la perfection. — Non, mais nous voulons marcher sans cesse vers elle, la perfection n'est que pour Dieu; et d'ailleurs, est-ce à toi chrétienne à plaisanter sur les rêves de bonheur? Repousse les hommes qui nous menacent toujours de malheurs, d'abominations, qui n'ont pas de Dieu, ou qui en ont un désespérant pour cette terre; plaisante ceux qui croient que, tant qu'il y aura des hommes, *l'avarice, l'orgueil,* la *luxure* seront rois du monde, et que la *foi, l'espérance* et la *charité* y vivront misérables, toujours trompées, toujours humbles comme des esclaves, et non comme doivent l'être des maîtres, serviteurs des serviteurs de Dieu. Mais crois en nous, ma chère amie, ma sœur, ma fille en Saint-Simon, crois en nous qui t'annonçons qu'enfin Dieu lui-même est las de ces transactions timides avec le passé, et qu'il veut que son règne arrive, que la *chair* et *l'esprit* s'avancent vers lui avec *amour,* crois en nous qui promettons aux femmes de l'avenir tant de bonheur, puisqu'elles ne seront sacrifiées ni dans leur *amour,* ni dans leurs *pensées,* et que leur *chair* ne sera pas livrée aux bêtes, comme elle l'est aujourd'hui.

Sois-en sûre, mon amie, c'est en croyant très-facilement que la *beauté* n'est pas le présage de la *bonté,* que la *beauté* se dégrade ; c'est parce que l'homme n'admire pas assez Dieu dans ce qui est *beau,* qu'il ose diriger un souffle impur au lieu d'un encens vivifiant sur ces belles statues qui attendent la vie, et qui ne reçoivent de lui que la mort. Que la vierge se pare et s'embellisse, car elle est la *promise* du Seigneur, que la femme mariée soit toujours belle aux yeux de son époux, car le Seigneur est aussi son époux, c'est lui qu'elle aime dans les formes de l'homme qui lui a promis l'union éternelle. — Et ne viens pas me parler du malheur de ceux qui n'ont pas des formes divines ; ne serons-nous pas tous resplendissants un *jour* dans le sein du Seigneur? Ils sont *laids,* comme il existe des êtres *vicieux* et *ignorants,* puisque l'heureuse faute de notre mère commune nous a fait connaître le *bien* et le *mal.* — Trouverais-tu plus digne d'un Dieu de bonté de nous soumettre à une espèce de système de compensations, de nous condamner à cet alliage monstrueux et trompeur qui, s'il devait toujours exister, détruirait tous les sentiments, toutes les sympathies qui nous attirent, et nous plongerait fatalement dans une perpétuelle *défiance* les uns à l'égard des autres. Non, non, le vice doit devenir laid, la vertu s'embellir, car Dieu veut que nous puissions fuir le premier et voler avec tendresse sur les pas de l'autre.

Mais entourée comme tu l'es d'un monde sans foi, où tout est en désordre, où les monstres surgissent à chaque pas, où la vertu est écrasée sous le poids de la misère, où l'immoralité dort sur des feuilles de roses, où la beauté provoque au vice, où la laideur facilite la vertu, ne te sera-t-il pas possible à ton tour de quitter *cette terre,* et de te porter à l'avance sur *celle de l'avenir;* crois-tu que je veuille qu'aujourd'hui, nous autres, nouveaux pêcheurs d'âmes, nous devions repousser toutes celles qui n'ont pas une *enveloppe* d'Apollon, et n'attirer à nous que des Amours? Ce serait folie et nous nous exposerions, nous le savons, à une critique trop facile, en nous montrant nous-mêmes. Non, ma chère sœur en Jésus-Christ, nous ne voulons pas que tu nous regardes comme ce qu'il y a de plus beau dans le monde; et cependant nous espérons que tu nous verras *meilleurs* et plus *instruits* que ne le sont les plus *beaux garçons* du XIXe siècle ; mais nous aimons à croire qu'un jour (contrairement à ce qui existe aujourd'hui) lorsqu'on voudra voir une belle créature, il faudra la chercher au temple, dans la chaire, sur le trône pontifical, tandis qu'en ce moment on la trouve au théâtre, au bal, dans les gouffres où l'immoralité l'entraîne; la beauté quittera cette vie d'un jour sur les marches de l'autel, en extase devant les joies de la vie éternelle, entourée du concert de ses sœurs qui chanteront sa vie d'amour et de dévouement; aujourd'hui elle meurt solitaire, en présence d'un passé qui ne lui donne que des larmes et des regrets, et d'un avenir qui la menace; en proie à toutes les douleurs, elle blasphème le monde, celui qui lui donna cette beauté qui cause sa perte, elle maudit les monstres qui l'ont trompée. Ah! qu'elle bénisse Saint-Simon qui lui apporte l'espérance, qu'elle sache pourquoi Dieu a voulu mettre sous nos yeux ce terrible spectacle, pourquoi elle a été choisie pour être l'instrument de la régénération humaine. Qu'elle bénisse la main du Seigneur qui, en la frappant, lui ouvre les yeux sur cette société qu'il veut appeler à une vie nouvelle! Qu'elle pleure, mais qu'elle aime encore, car le Seigneur veut être adoré dans tout ce qu'il nous a dit d'aimer.

Oui, mon amie, c'est en voyant ces pauvres malheureuses que leur beauté a perdues, c'est en songeant aux douleurs dont elles sont abreuvées que notre foi dans l'avenir se raffermit. Quand donc verrons-nous la troupe des lévites succéder à ces beaux *sacrificateurs* que nos sociétés encore barbares entretiennent à grands frais et qui moissonnent les fleurs des générations nouvelles? Quand donc les ministres du Dieu de paix seront-ils aussi beaux que les prêtres de Mars? Quand donc les prêtresses d'un Dieu d'amour seront-elles aussi belles que les filles de Vénus? Et ne vois-tu pas que la meilleure manière de combattre la débauche, le libertinage, l'immoralité, c'est de mettre sous la sauvegarde de Dieu lui-même ce qui peut être pour nous un instrument de salut lorsqu'il est béni par l'Église, mais un instrument de perte, s'il est foulé aux pieds par elle. Rassure-toi, lorsque la tête de Vierge aura remplacé celle de mort sur le prie-Dieu des *pères* de l'avenir, la beauté ne sera plus à craindre, elle sera sanctifiée, on ne l'approchera plus qu'avec respect, parce qu'elle-même sera sainte. Quand les premiers chrétiens prêchaient l'humilité, on leur disait qu'ils énervaient les cœurs; et cependant quels cœurs plus fermes, plus courageux que ceux des martyrs! tu nous fais des reproches semblables, ma chère amie; il te semble, que nous allons encore affaiblir la chair qui était si faible au temps de Jésus, et qui l'est redevenue au nôtre, quand nous venons la rendre forte et la purifier. La *chair* sera forte comme *l'esprit,* lorsqu'en elle, comme dans l'esprit, nous adorerons Dieu lui-même.

J'ai mis un temps infini à t'écrire cette longue lettre, ma chère amie, et j'aurais bien des choses à te dire encore pour répondre à ta lettre, mais je retarderais trop le départ de celle-ci, ce sera pour une autre fois. — Je t'ai abonnée à *l'Organisateur,* tu y auras vu dans le numéro du 14 novembre une lettre de moi à Paul Bigot, et un article sur Voltaire, dans le numéro précédent, je n'y ai fait encore que cela. — Qu'Émile m'écrive. — Je vous embrasse. — Nous attendons bientôt Saint-Cyr.

P. E.

LIIIe LETTRE

A RESSEGUIER

Paris, 4 octobre 1829.

Je reste bien longtemps sans vous répondre, mon cher Resseguier, mais vous devez penser que j'ai eu bien des choses à faire depuis mon arrivée.

Vous ne me nommez pas ce jeune docteur qui a *témoigné*, il faut que nous sachions qui il est; j'espère que vous nous l'adresserez directement s'il revient à Paris, nous avons besoin de voir de près toutes les personnes qui aiment la doctrine.

Je vais vous envoyer par Barrault les lettres de Mme de Roissy, et la troisième lettre de Duveyrier; vous pouvez garder la seconde, j'y joindrai les six exemplaires du numéro d'octobre du *Producteur;* je ne sais si je pourrai vous adresser le cahier de Saint-Simon sur la propriété, je n'en ai pas pour le moment d'exemplaire disponible; les lettres de Comte n'ont de valeur que lorsqu'elles sont lues en même temps que le cahier, je tâcherai de réunir cela au plus tôt.

J'ai reçu les notes de M. Cujat, de Carcassonne, mais rien d'Encely, malgré ses promesses. Pressez-le ; je désire savoir dans quel état moral il se trouve, et quelles sont les idées qui l'occupent depuis ma visite. J'aurai grand besoin que Bouffard prît la peine de nous écrire quelques lignes, malgré toute la peine qu'il éprouve à mettre une plume sur le papier. Je ne lui demande pas une dissertation, un volume, je voudrais qu'il nous fît jouir du bonheur que la doctrine lui fait éprouver. Quant à Marquier, il doit, par vous ou par lui-même, vous annoncer les conversions qu'il ne peut pas manquer de faire autour de lui.

Vous me demandez si les dames qui s'occupent de la doctrine ne se mettront pas bientôt en relation, et vous dites, en parenthèse, que le moment n'est pas venu, et qu'il ne viendra peut-être *jamais;* ce dernier mot, placé comme vous le faites, n'est pas à l'usage de la doctrine ; quelques dames nous demandent cette année d'assister aux réunions de la rue *Taranne;* d'autres vont se grouper autour de Mme Bazard, un de nos missionnaires qui n'en est malheureusement encore qu'au point où vous en étiez il y a deux ans, où nous étions à l'époque *du Producteur*, un de nos frères, Vieillard, dans une mission qu'il vient de faire en Suisse, a manqué être converti lui-même définitivement à la doctrine, c'est-à-dire comprendre son aspect religieux qui lui échappe encore, par quelques anciennes grandes dames de l'Empire, qu'il endoctrinait, (la duchesse de Bade, douairière, et la duchesse de Saint-Leu); la première surtout embrassait ardemment la partie économique ou politique de la doctrine et quelques-unes de ses vues générales de l'humanité, et, si Vieillard n'avait pas été lui-même hors du temple, elle y entrait complétement, puisque, je vous le répète, elle a manqué l'y traîner elle-même, en lui répétant sans cesse : c'est très-beau, mais quelle couleur religieuse donnez-vous à votre avenir.

Votre projet de travail nous a paru parfait; l'église de Sorèze se trouvera ainsi réellement constituée, et je me félicite d'avoir aidé, par mon voyage, à en poser la première pierre; faites bien attention seulement que ces réunions éloignées devront avoir particulièrement pour but d'augmenter le *zèle* de chacun pour la *propagation*. Ce ne sont pas encore de laborieux *bé-*

nédictins que nous devons former, surtout en province, ce sont des convertisseurs animés du zèle *apostolique*, qui viendront puiser une nouvelle chaleur, chercher de nouvelles armes dans vos réunions. N'oubliez pas qu'avant d'analyser la doctrine, il faut la *sentir* largement dans son ensemble, et que le *prêtre* est l'homme par excellence. Faire des prêtres est donc le but le plus élevé que vous puissiez avoir en vue; je sais bien que nous ne sommes pas encore au moment de pouvoir faire une *division de travail* bien régulière, et de dire à l'un : tu seras *prêtre;* à l'autre, tu seras *théologien;* à un troisième, tu seras *diacre;* mais cette division étant le but vers lequel nous tendons, il faut toujours l'avoir devant les yeux, pour se rendre compte des efforts que l'on fait. D'ailleurs, malgré l'éloignement où je place la classification entre nous des trois ordres, nous nous en rapprochons sans cesse. Le rôle de fondateur oblige encore à rester dans la confusion, mais cette confusion devient moins grande chaque jour, et d'ici à fort peu de temps, j'espère que nous allons pouvoir, à Paris, charger quelques-uns d'entre nous des intérêts industriels de la doctrine. Elle en a grand besoin. J'espère que nous allons pouvoir dire à quelques enfants de Saint-Simon : chers frères, occupez-vous de connaître la position de chacun de nous ; les besoins généraux de l'Église et ses ressources ; que chacun vienne confesser à vous, sinon encore toutes les douleurs, tous les plaisirs qui abreuvent son âme, du moins les joies ou les souffrances qu'il éprouve dans sa *chair*. Faites que l'Église trouve les moyens matériels de réaliser d'utiles travaux ; que les frères qui la composent s'aident les uns les autres, qu'ils aient au moins ce pain que Jésus a promis à tous, en le demandant pour tous à Dieu, il y a mil huit cents ans. Oui, mon cher ami, il nous tarde de confesser notre foi de la manière qui pourra le mieux en prouver la grandeur à notre siècle égoïste ; car c'est toujours dans l'ordre industriel que se sont fait les miracles, et les miracles ont une grande puissance de conversion.

Nous avons ici quelques modifications dans l'ordre des travaux qu'il faut vous faire connaître.

Rue de Taranne, Bazard et moi seront seuls au bureau, pour éviter les reproches qui nous ont été faits de présenter une masse compacte, effrayante, prête à écraser l'auditoire ;

Bazard exposera comme à l'ordinaire, et nous répondrons ensuite l'un ou l'autre aux objections.

Les petites réunions du mercredi prennent davantage le caractère d'atelier de travail; deux pères seulement y président, l'un est le coadjuteur de l'autre; tous les trois mois l'un d'eux sera renouvelé, l'autre deviendra président, de coadjuteur qu'il était; là se distribuent des travaux à faire, des recherches historiques propres à justifier les idées générales de l'école, des analyses d'ouvrages qu'il est inutile de faire lire à tous, les correspondances avec la province, qui sont aujourd'hui assez nombreuses, voilà ce qui occupera ces réunions, dans lesquelles d'ailleurs seront lus les travaux de quelque importance. Les discussions qui auront lieu dans le sein du collége seront dirigées par les pères, mais simplement dirigées : elles s'établiront entre les frères. Il y a de plus une réunion pour l'*Organisateur*, présidée par Laurent, et où assisteront les personnes qui ne peuvent pas se livrer au travail théologique du petit-mercredi, et qui ont besoin d'un centre de réunion plus intime que celui de la rue Taranne.

Nous nous occupons en ce moment de préparer l'impression de tout ce qui a été lu rue Taranne l'année dernière : cela fera un volume ; dès qu'il sera fait, nous en préparerons un autre qui se composera de la correspondance (Eugène, moi, Duveyrier, vous, Burns), cela fera encore un volume. Quand nous serons plus avancés, je vous écrirai pour m'entendre avec vous sur les moyens matériels d'exécution ; causez-en d'avance avec Bouffard et Combes, car vous constituez à vous trois le diaconat du Midi. J'espère que les frais de pareils ouvrages ne seront que des avances, car la doctrine est sur un assez bon pied pour que nous puissions espérer une vente assez facile.

Quant à l'*Organisateur*, nous attendrons encore avant de le doubler. Le principal avantage de ce journal est d'être une arène où s'exercent à écrire, sur la doctrine, des hommes qui n'ont pas encore fait cet apprentissage ; le second est de donner régulièrement nos nouvelles à la province. Quant au but de propagation, il le remplirait encore trop faiblement s'il était doublé ; il absorberait trop de temps pour la rédaction, et ce cadre serait trop petit pour la forme que la doctrine doit prendre, lorsqu'elle se présente du haut de sa grandeur au public. Ce projet de doublement nous paraît donc pouvoir être encore ajourné, sinon abondonné complétement, et nos deux volumes vaudront mille fois mieux que cela.

Dans le second de ces volumes sera inséré le travail de Barrault sur les beaux-arts ; il vient de le refaire et l'a presque doublé ; c'est aujourd'hui un morceau *superbe,* qui a produit un très-grand effet mercredi dernier ; il est long à copier, mais vous l'aurez bientôt ainsi que les lettres de Mme de Roissy et la troisième de Duveyrier.

Je ne vous dis rien sur Rivals, si ce n'est de ne pas oublier que c'est un plastron sur lequel vous devez battre tant que vous pourrez lorsque vous aurez des auditeurs ; pourvu que vous soyez sûr à l'avance, quelque bêtise qu'il pût vous dire, de conserver un *calme* qui l'écraserait. Je n'ai pas le temps de répondre à Encely, mais comme vous lui ferez passer cette lettre, voici cependant quelques lignes pour lui : c'est bien sur la manière dont est formulée *la vie future* qu Encely discute, quoi qu'il en dise, puisqu'il accepte la VALEUR *généralement donnée à ces mots ;* il conteste celle que je leur donne, ce qui du reste devrait lui montrer qu'il est dans une mauvaise voie, car la valeur généralement reçue pour ces mots est une valeur toute *chrétienne* qui nécessairement doit lui paraître, *à priori,* ne pouvoir être la valeur *saint-simonienne.* Il en est de même de Dieu, envers qui Encely est catholique tout simplement; et d'abord les manichéens, Spinosa, Mallebranche qu'il me cite, sont précisément des indices qui devraient le porter à croire que le dogme catholique était incomplet; ce qui ne veut pas dire que les manichéens, Spinosa et Mallebranche fussent plus complets, mais cela nous montre qu'il y a, en religion comme en philosophie, des matérialistes et des spiritualistes, distinction que le dogme saint-simonien doit faire disparaître, précisément parce qu'il répondra également à ces deux *abstractions* de l'esprit humain, dont la lutte jusqu'à nous est si bien constatée par les *deux principes* de l'Inde et par Dieu et le Diable des Chrétiens, et par la division des pouvoirs spirituels et temporels du moyen âge.

Si nous pouvons unir et Manès et saint Augustin, et Spinosa et Pascal, on nous fera un reproche sans fondement, lorsque, prenant *une* des *faces* sous lesquelles nous prétendons que Dieu se présente à nous, on nous accusera de voir d'une manière fausse. Si nous disions que Dieu ne peut être conçu que *sous* cet aspect, on aurait raison, nous serions des religieux *matérialistes* tout simplement, comme nous serions des philosophes matérialistes, si l'homme nous paraissait *uniquement* dans sa forme matérielle et non dans la *pensée* dont cette forme est la manifestation. L'homme est très-*encroûté* dans la matière; cela ne m'empêche pas de voir en lui un ange, lorsque cette croûte, miroir fidèle du parfait amour, est imprégnée de la flamme divine; et si je le considère comme un *point* sollicité sans cesse par des forces qui agissent sur lui, ce point est aussi pour moi une force qui sollicite tous les *points* qui l'entourent. Je suis donc *fataliste* si l'on veut, pourvu que l'on ne m'accuse pas d'être simplement *fataliste*; mais alors ce nom même ne me convient plus, car lorsque je ne suis ni matérialiste, ni spiritualiste, je peux être *tout à tous pour les sauver tous*, je puis être le prêtre de l'avenir.

Encely a commis un *lapsus* en écrivant la matière et le fond, l'esprit et la forme; c'est dans l'ordre inverse qu'il fallait prendre ces mots; mais là où il se trompe plus fortement et où il oublie réellement la doctrine, c'est lorsqu'il me dit : prenez-y garde, ce n'est point là le Dieu *qu'adore* l'humanité, ce n'est point là cette vie future qui *fait* palpiter son cœur. Certainement ce n'est pas là le Dieu des Chrétiens, la vie future des Chrétiens; mais qu'est-ce que cela prouve? qu'on nous repoussera d'abord? sans contredit; et Jésus-Christ n'a-t-il pas été repoussé par les Juifs? Une autre erreur grave se trouve dans cette phrase : « Quoi, vous admettez que l'âme *se retire des corps*, et par conséquent qu'elle *est* sans corps, sans matière, et vous ne pourriez pas admettre que Dieu *est* sans corps, sans matière? » Où donc Encely a-t-il vu que nous eussions conçu des âmes sans corps, des intelligences sans manifestation, des idées sans formes? Lorsque Eugène a dit : « L'âme se retire du corps, c'est du corps qui reste cadavre qu'il parle; mais cette âme revêt à l'instant une forme nouvelle, elle a un développement à accomplir; elle veut monter, elle veut réaliser les désirs qui animaient naguère ce cadavre; elle passe avec eux (car ces désirs et elle ne font qu'un), elle passe avec eux, dis-je, à une initiation nouvelle. Non, les âmes sans corps ne présentent aucune idée nette à notre esprit; nous ne sommes pas comme les Chrétiens qui, par haine pour la matière, ont pu s'arrêter avec amour sur une pareille idée. Nous qui savons établir un lien entre cette idée et la forme politique des sociétés chrétiennes, nous sommes sûrs à l'avance que ce n'est pas là la vie future qu'espérera l'avenir.

Il n'y a point là de religion, dit Encely. Quoi, la conception d'amour qui *lie* le plus *intimement* possible le père charnel à son fils; qui fait à chaque homme dans son chef ou dans son élève, un autre *lui-même*, qui nous rend tous partie intégrante les uns des autres; qui attache chaque génération les unes aux autres (chacune d'elle étant la fille de celle qui la précède et la mère de celle qui la suit), une pareille conception n'est pas religieuse? Ne faut-il pas pour que la société entière soit constamment liée à son avenir, que chaque individu conçoive la chaîne qui rattache son *individu* au développement successif de ce *corps* dont il fait partie? Ne faut-il pas que le père aime beaucoup son fils, que le fils soit dévoué à son père? Ne faut-il pas que chaque homme ait dans le passé son père? Ne faut-il pas que chacun ait dans le passé son patron qu'il veut surpasser, et dans l'avenir un type, un ange vers lequel il s'avance avec tendresse?

En voilà assez sur ce sujet; je voudrais pouvoir faire l'application de ces idées de vie future aux relations de l'homme avec la femme, du mari avec sa compagne, du frère avec sa sœur, de la vierge avec l'épouse et la veuve; tout cela est trop grand pour aujourd'hui; je vous l'indique, au reste, cherchez à résoudre; devinez.

Adieu, mon cher ami, je vous écrirai dans quelque temps en vous envoyant les copies que je vous ai promises et les numéros de l'*Organisateur*.

P. E.

Je vous rappelle, mon cher ami, ce que je vous ai déjà dit à Sorèze, ces trois questions : *les Femmes, la Vie future*, et *l'Aspect de Dieu sous le rapport de sa manifestation matérielle* ne sont pas encore résolues dans l'école. Je vous donne donc toujours mes idées comme n'étant qu'une opinion *individuelle*, et uniquement pour que vous portiez votre attention sur ces grands problèmes que nous élaborons. J'espère avant peu pouvoir vous en parler *ex cathedrâ.*

LIVᴱ LETTRE

A LECAMUS

25 novembre 1829.

Je reçois le même jour ta lettre et celle de Drut, dont je t'envoie copie ; tu sentiras en lisant celle-ci, mon cher ami, combien j'ai dû regretter que notre trinité d'amitié fût encore une fois prête à se dissoudre. Combien j'ai dû faire de retours sur moi-même et sur toi pour m'expliquer le ton de nos deux dernières lettres ; je dis nos deux lettres, parce que, évidemment, d'après la tienne, la mienne ne valait rien du tout, puisqu'elle a produit sur toi un effet tout opposé à celui que j'en attendais. Tu as raison, il y avait de l'aigreur, je l'avais bien senti moi-même ; car, autant que je peux me le rappeler, je cherchais à me la faire pardonner par la fin de ma lettre ; mais j'ai fait comme l'ours de la fable ou comme l'âne, je t'ai jeté un pavé sur la tête ou donné un coup de pied au moment où je voulais t'embrasser comme je t'aime, c'est-à-dire chaudement. — Il en est résulté que tu m'as encore moins compris que tu ne comprends le *Producteur*, et qu'en t'arrêtant aux formes qui t'ont blessé, tu as négligé le fond que tu as connu bon autrefois, et qui, sois-en sûr, n'a pas changé.

Je ne répondrai pas, phrase par phrase, à ta dernière lettre, mon cher Lecamus ; je crois que tu penseras comme moi, après ce que je viens de te dire, que nous devons oublier ce que nous nous sommes dit dans le courant de la semaine dernière. Un mot seulement sur le reproche que tu me fais de vouloir qu'on donne *tête baissée* dans toutes les idées qu'il nous plaira de vous imposer *du jour au lendemain*.

Depuis le mois de juin 1826, date de ta première lettre sur la doctrine, je te prie *d'étudier*, *de discuter* sérieusement nos idées ; je ne veux donc pas que tu y donnes tête baissée ni *du jour au lendemain* ; je désire, je te presse d'y réfléchir, d'autant plus que tu vois qu'elles m'occupent, qu'elles m'absorbent davantage ; j'ai toujours fait appel à ton amitié pour te décider à examiner si l'un des hommes que tu aimes le plus était dans une voie déraisonnable, s'il se perdait à la suite d'un fou, ou si au contraire il se passionnait, comme tu dois désirer qu'il le fasse, pour tout ce qui est beau et généreux, et aussi pour ce qui est raisonnable; en un mot, s'il travaille avec ardeur à une utopie, au lieu de hâter les véritables destinées de l'humanité.

Mes instances n'avaient pas pour but uniquement de me justifier à tes propres yeux de ce que tu étais, de ce que tu es encore en droit d'appeler mon exaltation; j'espérais surtout et j'espère encore te faire partager, comme je l'ai fait pour Drut, comme je l'ai fait pour tous ceux que j'aime, le bonheur que nous fait éprouver cet avenir que nous aurons contribué à réaliser; je désirerais exercer à ton égard une mission fraternelle que tu remplirais, j'en suis sûr, avec empressement, si tu croyais avoir connaissance d'une chose que j'ignorerais et qui pourrait m'être utile; je voulais, en un mot, partager avec toi les richesses que Saint-Simon m'a données; mais je n'ai pas eu l'art (le plus difficile de tous) de présenter mon cadeau de manière à ce que tu y visses ce besoin de mon cœur, et sans doute je t'ai donné lieu de penser que je voulais, par là, me glorifier à tes yeux de ces richesses, qui ne sont pas de moi, et qui d'ailleurs ne sont encore pour toi que clinquant et faux brillant.

C'est là, mon cher ami, ce que j'appelais exercer à ton égard la fonction paternelle dans son acception la plus large, c'est-à-dire considérée comme le feraient les hommes d'une communauté dans laquelle il n'y a de jouissances que lorsqu'elles sont partagées par ceux qui ont notre affection ; mais en te présentant mes idées sous une forme qui n'aurait pas dû être la mienne, puisque c'était celle que je te reprochais, en te parlant des *bonnets carrés*, tu as pensé que j'avais la prétention de me présenter près de toi comme un pédagogue, et tu as vu une leçon, là où il n'y aurait eu, *si j'avais bien rendu ce qui m'animait réellement, qu'un épanchement.* Je voulais que tu m'aimasses comme un ami qui a besoin de *donner* parce qu'il aime à *recevoir* et qui trouve autant de plaisir à remercier qu'il en éprouve lorsqu'il a fait naître la reconnaissance. Tu comprends certainement trop bien l'amitié pour ne pas ressentir d'avance le plaisir que tu aurais si Drut ou moi avions besoin par des revers de fortune de ton assistance, à nous la prodiguer; et je connais aussi trop bien les avantages de ce lien sacré pour ne pas être convaincu que mon amitié pour toi s'accroîtrait encore alors des services que tu me rendrais; je sais bien qu'on a dit plus d'une fois qu'il fallait traiter ses amis comme s'ils devaient être un jour nos ennemis; qu'il ne fallait pas les obliger si l'on ne voulait pas en faire des ingrats; que leur rendre service, c'était provoquer une séparation; mais ces dogmes anti-sociaux ne sont pas plus les nôtres qu'ils ne sont les tiens; ils nous blessent également, ils nous répugnent et nous ne saurions aimer que des hommes qui ne les mettent pas en pratique et qui (s'ils les répètent parce qu'ils les ont entendu prononcer par des grands hommes) ne sont pas heureusement conséquents avec leurs principes.

Toi qui as des fils, mon cher ami, toi qui as eu un père que tu aimais, que tu vénérais, tu es encore plus que moi, qui n'ai que la moitié de ton bonheur sous ce rapport, en position de comprendre ce qu'il y a de bon dans ces relations, où l'un est l'obligé, l'autre celui qui oblige; et il ne t'est jamais venu dans la pensée que les soins qu'a pris ton père pour ton éducation, ceux que tu prends à ton tour pour former le cœur et développer l'esprit de tes enfants fussent de nature à affaiblir le lien qui nous unissait; et toi encore, à l'égard de tes frères, n'as-tu pas sans cesse cherché à exercer une tendre paternité? Aurais-tu trouvé louable le sentiment qui les aurait portés à te chérir d'autant moins que tu faisais plus pour eux?. Me blâmerais-tu de regretter plus que jamais mon cher Auguste, lorsque je sens le besoin d'un conseil d'ami, d'un aide, d'un guide, lorsque je me trouve trop faible seul, lorsqu'il me faudrait quelqu'un qui me fût cher, marchant en avant de moi, et m'entraînant après lui! Voilà comme j'entends la *maîtrise*, mon cher ami, voilà ce que, suivant la doctrine, seront les maîtres de l'avenir, et ils seront aimés, parce qu'ils aimeront plus encore qu'on ne les aimera.

Un fils doit-il aimer son père, lorsqu'il s'aperçoit que ce tendre père s'efforce par tous les moyens possibles de transmettre à son rejeton chéri les vertus, les fruits de son expérience, un corps et un esprit sains, un cœur digne de celui de sa mère? Un fils repoussera-t-il son père par cela seul que celui-ci lui donne des conseils qu'il croit bons? L'amitié sera-t-elle brisée entre deux hommes parce que l'un d'eux a le bonheur d'ouvrir une route à l'autre? Ces trois hypothèses sont les mêmes; mais ce qui t'empêcherait de résoudre la troisième, c'est-à-dire celle qui nous regarde comme les deux autres, c'est que maître et père te présentent deux idées tout à fait différentes; c'est qu'à celui-ci tu rattaches des idées d'affection, de tendresse que tu n'attribues pas à l'autre, et que, lorsque entre deux amis, tu en vois un qui veut enseigner l'autre, tu as peur de l'*esclavage* du dernier et tu repousses le *despotisme* du premier; ainsi pour toi, maître ou despote, élève ou esclave sont des synonymes; tandis que pour nous, maître ou père, élève ou fils, voilà les synonymes. Tout homme qui enseigne un autre homme et qui n'éprouve pas pour lui cette tendresse d'un père pour un fils, n'est pas un maître pour nous. Mais tu m'as regardé si longtemps comme un ami que tu ne veux pas consentir à me considérer comme un père, et tu penses que tu n'as encore rien *appris* de moi, que je ne suis pour rien dans la création, dans l'engendrement de ton esprit, dans l'élévation de tes sentiments, tu te trompes, mon cher ami, sinon dans le premier rapport, du moins dans le second; tu te trompes si tu crois ne rien nous devoir à Drut et à moi, et en général à tous ceux auxquels tu es attaché, comme nous nous tromperions si nous repoussions l'utilité dont tu as été pour nous ; comme je me tromperais surtout si je ne reconnaissais pas que ta correspondance, même ta dernière lettre, me rend meilleur, me rend plus capable à mon tour de t'être utile. Tu me dois et tu dois à Drut de m'avoir écrit de Pétersbourg une bien excellente lettre que je n'oublierai jamais, pénible confesssion qui a dû cependant être bien douce pour toi, si j'en juge par le plaisir qu'elle a fait à Drut et à moi, car tu savais qu'elle nous causerait une grande joie. Tu nous dois de l'avoir écrite, car tu tâchas de corriger en toi un sentiment qui t'avait fait souffrir cette *terrible jalousie*, éruption des époques critiques ; et si notre amitié pour toi t'en a délivré complétement ou t'en délivre un jour, tu peux nous en remercier, ou tu nous en remercieras tôt ou tard.

Oui, mon ami, je voudrais être ton père en doctrine, parce qu'en aimant en toi non-seulement un ami, mais un fils, je t'aimerais aussi complétement qu'il est donné à un homme d'aimer un homme, et aussi parce que la paternité Saint-Simonniene a pour but de faire dépasser chaque père par son fils ; que ces classifications de père et de fils ne sont jamais définitives pour nous, et que, si je veux te donner la doctrine, c'est parce que je compte assez sur ta capacité morale et intellectuelle pour que tu nous rendes bientôt à ton tour des services de frère. Si je me suis servi de termes qui t'aient fait penser que je voulais te faire sentir une infériorité radicale de toi à moi, si tu as pu croire que je me faisais un malin plaisir de me donner des coups d'encensoir à tes dépens, détrompe-toi ; en te critiquant, je critiquais les idées que j'affectionnais il y a quelques années, non parce qu'elles sont tiennes et sorties de ton cerveau, tandis que du mien seraient sortis des éclairs de génie, mais parce que je suis formellement convaincu que tu jugeras comme moi les idoles que nous avons encensées, quand tu te seras donné la peine d'étudier la doctrine de Saint-Simon, quand tu te seras délivré des préventions qui t'ont empêché de te livrer à son examen avec le soin qu'exige, j'ose le dire, l'amitié que tu as pour moi. Oublie donc, mon ami, et ma lettre et la tienne, ne songe pour le moment qu'au plaisir que tu me feras éprouver, lorsque, travaillant à nous comprendre, tu me demanderas des éclaircissements sur les points de doctrine qui t'arrêtent.

Tu verras par la lettre de Drut qu'il se plaint de la manière dont Eugène et moi avons traité les deux commissaires du général Lafayette. Il a raison et il a tort ; il a raison, parce que nous ne nous recrutons encore que dans les rangs d'où nous sommes sortis, dans ceux du libéralisme, et que c'est assez dire par là, qu'un sentiment généreux, le vif désir de nous affranchir du passé, anime l'opposition constitutionnelle, et que par conséquent nous devons montrer à nos anciens frères d'armes que nous n'avons pas abandonné leur cause et que nous voulons tout autant qu'eux détruire le régime du bon plaisir d'un pouvoir brutal et ignorant ; mais il a tort, parce qu'il doit voir dans l'éloignement que nous avons pour tous les petits combats politiques du moment, la conséquence du but que nous avons devant les yeux et la conviction où nous sommes qu'on peut servir le libéralisme *dans ce qu'il a de légitime,* bien plus utilement, avec une efficacité plus large, plus étendue, en répandant de nouvelles idées qui, suivant nous, doivent donner une solution définitive du grand problème politique qui s'agite depuis deux ou trois siècles, c'est-à-dire la destruction de tous les priviléges de la violence et de la naissance. Mais en somme Drut a raison comme toi : la transition que nous avons faite du libéralisme au Saint-Simonisme a été trop rapide pour qu'il n'y ait pas de notre part une réaction trop aigre et quelquefois injuste contre notre ancienne famille, contre le XVIIIe siècle et toute sa queue, qui se prolonge jusqu'à nous ; la leçon que tu m'as donnée et dont je te remercie de toute la sincérité de mon cœur, est donc un misérable cadeau que tu m'as fait ; te dire que celle de Drut ne m'est pas plus agréable que la tienne serait mentir ; mais j'en attends encore d'autres de toi, et tu me traiteras plus doucement une autre fois.

Adieu, mon ami, tu as mal interprété ce que je te disais sur le temps que j'ai mis à t'écrire mes longues lettres ; j'ai voulu te dire qu'entre nous, pour satisfaire à nos anciennes relations d'amitié, quelques lignes écrites à distances éloignées suffiraient pour nous donner des nouvelles de nos santés, de nos petites affaires, et pour nous apprendre que nous ne nous étions pas oubliés ; au lieu de quelques lignes, ce sont des volumes que je t'écris, et je ne le fais, je te le répète, que parce que j'ai cru que c'était un moyen de resserrer encore un lien que nos sociétés actuelles rendent aussi lâche que possible. Je t'accable de doctrine jusqu'à ce que tu me dises que tu y renonce après examen ; et c'est un devoir que je crois accomplir en me conduisant ainsi, parce que je te reprocherai vivement de ne pas me faire part de ce que tu croirais pouvoir m'être utile, *quand bien même tu te tromperais*; vois-donc si je me trompe et ne t'en tiens pas à la forme inusitée des mets que je te présente ; goû-te-les, tu me diras après s'ils sont agréables et nourrissants ; je voudrais pouvoir te dire « Mon cher *fils*, ton *frère* t'embrasse » ; contentons-nous au moins du dernier nom, c'est à toi de trouver du charme aux nouvelles relations que je voudrais non pas *substituer*, mais ajouter aux anciennes ; ne m'ôte - pas le plaisir de croire que je peux te faire du bien, si tu n'avais pas pour moi, de ton côté, cette espérance, je croirais que tu ne m'aimes pas comme je le désirerais.

P. E.

LVE LETTRE

A Mme VEUVE THOROMBERT

Sans date

Vous deviez à ses leçons sublimes et touchantes la force qui se trouvait en vous, votre pensée n'était que la sienne; quand vous avez perdu cet appui vous vous êtes trouvée dans UN ISOLEMENT ABSOLU, TOUT *était anéanti en* VOUS.

Pauvre femme ! vous aviez donc pensé qu'avec *lui seul* vous pouviez être forte, que *lui seul* vous donnait la lumière et la vie, et lorsqu'il vous a manqué, *tout* s'est anéanti ! tout est resté cependant, rien n'a disparu; mais ce monde, qui jusque-là vous parlait un langage d'amour, vous l'avez couvert d'un sombre voile, vous avez fermé vos oreilles à ses chants d'allégresse, ils vous faisaient mal; vous l'avez à votre tour privé de vie, vous l'avez *fait tomber en lambeaux sous le scalpel* de la douleur, et le *bras qui vous avait foudroyé* ne vous a plus soutenue.

Ah! ne dites pas que nous n'avons jamais connu les déchirements de l'âme, c'est parce que la nôtre a été violemment brisée sur cette terre, que nous voyons, que nous voulons une *terre nouvelle,* la terre *promise* à l'homme de toute nécessité ; c'est parce que, comme vous, nous avons trouvé *misérable* celle où vous gémissez, qu'un avenir meilleur s'ouvre à nos espérances, et que tous nos efforts seront consacrés à le réaliser.

Mais en me servant de ce langage, je crains que d'anciens *souvenirs* ne vous fassent encore illusion et que le retentissement des croyances chrétiennes vous empêche d'entendre la foi nouvelle des fils de Saint-Simon ; j'ai donc besoin de m'expliquer davantage.

Non, votre union ne devait avoir rien de terrestre, si vous vous sentiez l'un et l'autre dignes d'un *monde meilleur,* si Dieu vous élevant déjà *au-dessus de cette terre,* vous appelait *au ciel ;* mais qu'est-ce que ces mots : la *terre,* le *ciel ?* La terre c'est *le passé,* le ciel c'est *l'avenir,* c'est le vieux monde et le monde nouveau. Votre union ne devait avoir rien de *terrestre,* car vous vouliez vivre avec lui comme vivront ensemble les heureux couples de *l'avenir,* vous vouliez vous aimer comme on s'aimera *un jour*, vous aspiriez à l'amour *céleste, à l'amour des anges*.

Le monde actuel pesant sur le lien qui vous unissait lui donnait souvent encore le poids d'une véritable chaîne ; mais vous saviez que cette chaîne avait été de fer dans l'antiquité, que le Christ l'avait allégée, et vous rêviez un monde où elle serait tressée avec des fleurs. Marchez avec nous vers ce monde nouveau, vers cette région *céleste* où nous appelle la moitié de vous-même que vous pensiez avoir perdue.

Rappelez-vous, en prenant la main de frère que je vous présente, avant de me suivre, moi qui vous promets de vous mener vers lui, que je vous entraîne dans un monde *tout nouveau*, dont le Christ nous a montré les portes, mais qu'il n'a pu nous faire parcourir ; ce n'est pas au *ciel mystique* des chrétiens que je vous mène, nous n'irons pas dans le séjour des ombres, c'est la réalité qu'il faut à notre amour.

Marchons encore un instant ensemble sur cette terre, — vous dites : « Pouvons-nous porter nos regards sur la grande famille que nous aimons sans avoir à gémir sur les malheurs de nos semblables, » et vous en concluez que cette vie est une *dure épreuve*, et que Dieu nous réserve des biens proportionnés à notre *résignation. Gémir*, *dure épreuve, résignation,* serait-ce *uniquement* sous cet aspect lamentable que Dieu se révélerait à vous ? Si nous avons à *gémir* sur les malheurs de nos frères, n'avons-nous par à *agir* pour les faire cesser, et ces actes ne sont-ils pas pour nous les degrés de la plus *douce initiation ?* Est-ce pour nous *résigner* ou pour nous *lever* que Dieu nous a donné des forces ? Veut-il que nous ne répondions *que* par des larmes à l'enfant qui demande le guide qui devait le diriger vers le bien, vers la vertu, vers Dieu ? Et nous récompenserait-il, si dans notre désespoir nous disions à l'orphelin « tu n'auras pas de Dieu, car tu n'as plus de père ! » Oh non, pleurez, partagez les douleurs de tout ce qui souffre, mais ne croyez pas *mériter* par des regrets impuissants ; pleurez, mais que la main de Dieu vous soit toujours présente, qu'à chaque *gémissement* succède un acte d'amour, et lorsque ce pauvre enfant bégayant un nom chéri vous demandera son père, commencez à lui apprendre dès ce jour à aimer les hommes qui lui donneront l'existence, qui formeront son intelligence et son cœur ; il saura par vous que le jour où il quittait les flancs de sa mère n'est pas le seul où il ait reçu la vie, qu'à chaque instant elle lui est de nouveau donnée, et il ne vous aimera pas seulement pour l'avoir porté dans votre sein.

Hâtons-nous de quitter ce monde, car c'est lui qui vous coûte les larmes que vous versez, c'est parce que vous l'avez sous les yeux plein d'égoïsme et de désordre, c'est parce que les êtres qui le composent sont *isolés* les uns des autres ou plutôt encore animés de haine, que vous n'y voyez encore aujourd'hui que le néant et la douleur ; venez donc avec moi dans le *monde nouveau* que nous vous annonçons, l'homme y sera plus près de Dieu, n'est-ce pas dire que votre âme s'y trouve déjà et vous y appelle ; mais jetons un regard sur le vide qui vous entoure. Voyons par ce qui manque aujourd'hui aux cœurs aimants ce qu'ils doivent attendre de l'avenir.

Que deviendront ces enfants chéris, dont les caresses vous attachent encore à la vie. Vous vous écriez : je n'en sais rien, ils n'ont plus de père ! Et vous dites en pleurant sur votre fille :
» Pauvre enfant, tu sauras aimer, car tu as vu
» tout le bonheur que l'amour de ton père répan-

» dait sur ma vie, tu sauras aimer ; mais où est
» celui qui aurait guidé ton cœur, qui t'aurait
» aidé à trouver dans le tourbillon du monde
» cette moitié de toi-même qui appelle aussi sa
» compagne ! Tendre lierre, le jour approche où
» ta tige élevée cherchera de toutes parts un
» appui. Qui me répondra de celui que ton inex-
» périence aura choisi ; ou bien encore, pourras-
» tu franchir l'espace qui te sépare de celui que
» ton père t'aurait destiné ? Il te manque peut-
« être une *chaîne* d'or pour l'atteindre et tenir à
« lui. Longtemps j'ai désiré un fils, je voulais
» que tu eusses un frère pour te servir de sou-
» tien ; mais hélas, ce cher fils, lorsqu'aurait
» commencé pour lui l'âge du travail, seul, sur
» cette terre d'égoïsme, il n'aurait trouvé que des
» rivaux qu'il lui aurait fallu sans cesse com-
» battre pour réussir ; jamais un bienveillant
» *patronage*, perpétuel reflet de la *paternité*,
» n'aurait secondé ses efforts, aidé son activité ;
» épouvanté du sort auquel notre société con-
» damne si souvent les âmes bonnes et géné-
» reuses, peut-être se serait-il laissé séduire par
» les succès fréquents de l'immoralité et par les
» plaisirs dont notre siècle entoure l'opulent
» égoïsme. Oh ! non, il aurait été bon, car il

» aurait voulu ressembler à son père, son *intel-*
» *ligence* aurait été cultivée, car son père aimait
» la science. Mais que sont la *bonté* et le *savoir*
» de nos jours, si on ne possède pas la ri-
» chesse. »

Dieu bon, suprême *intelligence, trésor* inépuisable, ouvre-nous donc les portes du ciel où il réside; montre-nous un monde où l'AMOUR dirige la *science* et distribue la *richesse*, où le savoir et le travail nous rendent dignes des récompenses de ta BONTÉ; notre science serait alors ton DOGME, notre *industrie* ton CULTE, notre amour ta RELIGION. Les époux que tu donnerais à nos filles, les enfants que tu donnerais à nos mères, seraient toujours les plus dignes de notre tendresse, les fonctions que tu répartirai s à tous seraient celles que chacun serait capable de remplir, et tes richesses seraient le prix de nos œuvres. C'est là ce ciel que te demandaient les chrétiens, c'est aussi là cette *terre* après laquelle soupirait Israël.

Grâces te soient rendues, mon Dieu, ta parole a frappé mon oreille, j'ai entendu ce que demandait l'homme, je sens ce que ta bonté lui réserve; grâces te soient rendues, tu m'as choisi pour annoncer tes bienfaits.

J'ai vu l'homme isolé sur la terre, craindre tout ce qui frappait ses regards, détruire tout ce qui l'approchait, et dévorer l'homme lui-même.

Un être faible implore sa pitié et son regard, il s'adoucit, et ses mains, encore teintes du sang, caressent ce qu'elles semblaient prêtes à *déchirer* : DIEU EST LA et son prophète s'écrie :

HOMME, DE CETTE VIERGE NAITRA TON SAUVEUR ; et cependant ce couple barbare, ennemi de tout ce qui n'est pas lui, *seul* encore dans le monde, courbé sous *la loi de crainte*, attend sa *délivrance*.

Un cri vient frapper mon oreille, une larme de joie s'est mêlée aux larmes de la douleur ; et la terre tout entière répète ces paroles :

GLOIRE A DIEU! LE FILS DE MARIE, LE SAUVEUR DU MONDE EST NÉ.

Oui, l'homme sera sauvé, puisqu'il saura aimer et sa compagne et son fils, puisque la douceur et la faiblesse seront sanctifiées, puisque la femme et l'enfance seront les objets de son amour, si sa *férocité* les effraye il se dépouillera de ses armes ; son ignorance pourrait leur être fatale, il s'instruira ; son travail seul les fait vivre, il repoussera *l'oisiveté*.

Ainsi la hutte du sauvage est devenue cité,

la cité s'est changée en patrie, et bientôt la *sainte famille* des hommes, la *cité de Dieu*, l'universelle patrie pourra se former; tous s'y chériront comme des frères; car Dieu a dit au *fils de l'homme* : tu es *mon fils*.

Mystérieuse prophétie, te voilà donc dévoilée. Nous sommes tous frères, nous sommes les parties d'un seul tout; amoureusement unis nous formons un seul être, et cet être, c'est celui qui nous donne à chaque instant la vie : nous sommes tous *frères* et tous *enfants de Dieu*.

Femme, pourquoi pleurer? Le Seigneur est impérissable, et n'es-tu pas l'épouse du Seigneur.

Jeune enfant, sèche tes larmes; le père des hommes est éternel, ton père ne t'as pas abandonné.

Hélas! ma voix frappe en vain vos oreilles, elle n'a pas encore pénétré jusqu'à vos cœurs, et vous vous écriez : Où est *mon* époux, où est *mon* père?

Celui que vous pleurez, lorsqu'il *rappelait* l'homme à sa noble, à sa céleste origine[1], s'éle-

1. C'est à sa noble, à sa céleste *destinée* que nous *l'appe-*

vait aussi vers Dieu, se rapprochait sans cesse du père, de l'époux éternel, et chaque pas qu'il faisait, lui donnait de nouveaux droits à vos tendresses. Dieu l'a-t-il arrêté pour jamais dans sa marche? lui laissera-t-il ignorer ce qu'il cherchait, la justice, la vérité, la beauté? Et vous-même qui étiez entraînée par lui dans cette route sublime, vous qui vous sentiez meilleure lorsqu'il parlait, tomberez-vous plus bas que vous étiez au moment où votre initiation à l'amour fut par lui commencée?

Oh! non, vous comptez sur la bonté divine; vous croyez que, dans une *vie nouvelle,* il s'est déjà rapproché, il se rapprochera sans cesse de son Dieu; celui que vous avez connu si aimant, vous le voyez plus aimant encore, celui dont l'intelligence était si belle, vous le voyez brillant d'un reflet plus pur de l'intelligence infinie; il *n'est plus* ce qu'il *était* près de vous, il *n'est plus* ce que vous chérissiez déjà si tendrement, et vous avez conçu, ce que votre cœur ne savait pas vous révéler quand il battait près du sien, *un être meilleur que lui.*

Qu'ai-je dit? je vous vois trembler, vous me

lons, et pour l'y faire marcher avec plus d'ardeur, nous lui *rappelons* sa barbare, sa féroce *origine.*

repoussez avec chagrin, avec effroi. Un être meilleur que lui ? est-il possible?

Serait-ce donc celle qu'il aimait qui voudrait s'opposer à son bonheur? Quoi! pendant sa vie, si courte, vous l'avez vu sans cesse chercher le bien et s'avancer dans la route de la vertu, et votre désespoir veut le *fixer* dans les limites qu'il avait atteintes, mais qu'il désirait franchir! Vous ne songez qu'à *lui,* vous n'aimez que *lui,* et vous refusez de croire qu'*il* ait pu réaliser ses espérances, qu'il soit aujourd'hui ce qu'hier *il* désirait être! N'était-ce pas là toute sa vie? et c'est vous qui voudriez l'en priver!

Votre ami a fait un pas de plus vers la justice infinie, vers l'éternelle vérité, vers la céleste beauté; il a touché le rivage d'une patrie plus belle, d'un monde meilleur, et lui-même s'est amélioré; ce n'est plus *lui,* tel que vous l'aimiez naguère, qui réclamme votre amour; ce n'est pas *la même* voix que vous devez chercher à entendre; ce ne sont plus ces inspirations du *passé* qui doivent nous pénétrer; c'est une voix plus tendre encore, ce sont des inspirations plus généreuses que celles que vous avez éprouvées qui doivent aujourd'hui vous faire tressaillir.

Ne l'affligez pas en vous trompant vous-même;

n'adressez pas à vos souvenirs des accents de douleur, lorsque *votre espoir* vous sourit et vous appelle ; si vous pleurez encore, que ce soit sur *ce monde* où VOUS VIVIEZ TOUS DEUX SANS POUVOIR VOUS JOINDRE ; pleurez sur une société qui laisse la veuve et l'orphelin sans appui, parce que dès la plus tendre enfance, élevés par l'égoïsme, ils ont appris à concentrer toutes leurs affections sur un époux, sur un père ; pleurez sur ce vieux monde, où règne encore le fétichisme, et puisez dans votre douleur les forces qui sont nécessaires pour faire plier devant toi, grand Dieu de *la famille universelle*, l'orgueil des dieux du *foyer domestique*.

Dieu bon, tu m'as assez montré que tu veux le bonheur de tes enfants, puisque tu les as sans cesse rapprochés de toi ; jusques à quand souffriras-tu qu'ils soient *divisés ?* Jusques à quand leur laisseras-tu oublier ton saint nom ? Dis-leur : « Je suis *celui* qui EST, je suis tout ce qui EST, je suis la VIE, je suis l'AMOUR ; vous voulez *vivre* et vous ne voulez pas *aimer,* vous voulez vivre et tout ce qui *vit* autour de vous vous blesse ; ai-je donné à l'homme la douleur pour qu'elle *l'anéantisse,* la joie pour qu'elle *l'enivre ?* Vos époux, vos pères, vos fils, voilà les seuls dieux que vous adorez ; aussi lorsque je réduis en poudre leurs *statues*, vous vous croyez perdus, et vous oubliez ce que ma main en élève à chaque instant, toujours plus belles, toujours plus dignes de votre culte, et, loin de chercher où est le temple de cette divinité *nouvelle*, vous restez dans celui que j'ai rendu muet d'oracles pour vous en faire sortir. »

Ma sœur, relevez ces yeux que la douleur attache vers le *passé*, fixez-les sur *l'avenir*, je vous entends déjà vous adresser à Dieu et lui dire : Quel est l'autel où brûle un encens plus pur que celui qui embaume ma demeure? Sur quel trépied révélateur pourrais-je m'élever pour puiser de plus nobles inspirations? Quel est le prêtre du Dieu vivant qui parle mieux la langue divine, celle de l'amour?

Dieu se repose-t-il jamais? l'homme ne marche-t-il pas toujours? Votre ami ne voulait-il pas *s'améliorer?* Il existe ce nouveau prêtre du Dieu vivant, mais ce n'est pas sa voix que vous entendez dans la *solitude ;* il existe, mais perdu dans un monde qui s'ignore lui-même; vous ne pourriez vous diriger vers lui qu'en ayant un fil conducteur pour vous guider. Ah ! bénissez l'homme qui est venu répandre la lumière dans ce mystérieux labyrinthe, bénissez Saint-Simon qui nous a appris comment il faut ordonner, classer, unir la troupe dispersée des hommes, pour que la fille n'appelle jamais en vain son père et la veuve son époux; pour que le frère ait sans cesse près de lui son frère, chaque jour plus aimant; enfin pour qu'aucun grade de la famille humaine ne soit jamais *vacant,* et que le successeur soit toujours plus digne que le *défunt* d'en être revêtu.

Ah! je vous vois encore repousser ma parole; votre vertueux amour se révolte à l'idée que j'ose vous faire entrevoir : vous m'accusez de barbarie, d'insensibilité; vous dites : il ne sait pas aimer! Auriez-vous déjà oublié que je ne vous parle pas de ce monde où vous vivez aujourd'hui? Songez que votre *résignation chrétienne* serait aussi nommée insensibilité par ces veuves inconsolables qui mêlent, dans un foyer commun, leurs cendres à celles de leurs époux; et moi-même je vous regarderais comme insensible, si ma voix trouvait un faible écho dans votre cœur, si vous n'éprouviez pas les sentiments qui sont le lot des âmes tendres de notre époque, mais qui n'appartiendront pas aux âges futurs, si vous ne rejettez pas loin de vous d'abord, avec effroi, avec horreur même, ce que je viens vous annoncer pour un monde meilleur.

Vous qui croyez à *l'immortalité,* vous qui me dites : j'aimais la forme sous *laquelle* je voyais l'ami que je n'ai plus, parce que la sérénité de sa *figure,* le charme de son *esprit,* l'égalité de son caractère, tous ces dons *périssables,* n'étaient qu'un voile transparent, au travers duquel on reconnaissait toute la *bonté,* toute la *noblesse* de son AME, de son âme, véritable objet de mon amour. Pensez-vous que cette âme, objet de votre amour, *s'améliorant, s'ennoblissant* encore, ne revêtira pas une *forme* plus pure, ne se manifestera pas par *un esprit* plus élevé? Votre ami était le fils de son siècle, et sans doute aucun enfant des siècles précédents ne l'eût emporté sur lui en beauté, en vertu, car la race *humaine est perfectible :* mais les enfants des siècles futurs vaudront mieux que nous, telle est la volonté de Dieu, et nos âmes *développées en eux et par eux,* se rapprocheront ainsi de plus en plus de la bonté infinie, de la suprême sagesse, et leurs *formes* seront chaque jour plus tendres, plus affectueuses, plus bienveillantes, et *leurs esprits* seront plus cultivés.

Découvrez avec nous les joies du nouvel *Eden*, dites les sentiments de l'épouse dans cette *terre promise*, chantez à l'avance son bonheur dans cette région *céleste*, séjour des *anges*, séjour des hommes meilleurs; alors notre terre vous apparaîtra bien petite, votre monde vous semblera bien misérable, notre société bien impie, mais la terre s'agrandira, se sanctifiera à votre voix, et l'épouse de l'homme deviendra celle du Seigneur.

C'est à cette mission sublime que votre ami vous a préparée, car il consacrait sa vie à l'accomplissement de la volonté divine, *l'amélioration du sort de ses frères*, et ses exemples sont encore présents à vos yeux; continuez par amour pour lui votre initiation; déchirez le voile qui vous sépare d'un avenir déjà réalisé par lui; dites-nous ce qu'une âme aussi bonne que la sienne *conçoit* et fait en CE JOUR; car elle est *impérissable;* la voix qui répondrait dignement à la vôtre, qui *s'unirait* harmonieusement à elle, qui *marierait* ses chants à vos chants, serait la voix de cet époux adoré, qui vous appellerait sous la forme nouvelle que son amour, que son *âme*, que sa *vie* aurait revêtue.

Dieu de BONTÉ, Dieu de *vérité* et de *beauté*,

je rendrai l'espérance à une de tes filles en larmes, je donnerai la vie à celle qui marche vers la mort, j'enlèverai au culte de la *solitude* celle qui est capable de sentir ton *universalité*, je la rendrai digne de l'ange que tu lui avais envoyé, de l'ange qu'elle adorait, de l'ange qu'elle a rapproché de toi, pour qu'elle s'élevât elle-même jusqu'à lui; elle ne le cherchera plus dans les *célestes rêveries* du chrétien, mais dans la réalité même, dans le monde où elle puise la vie; elle n'évoquera pas son ombre, car des souvenirs seuls répondraient, et ta bonté ne nous donne la vie que pour rattacher le *souvenir* à *l'espérance*. Dieu d'amour, ta fille m'aimera comme un père, mes fils seront ses frères; c'est au milieu d'eux que se trouve son époux, le père de ses enfants, l'ange que tu avais commis à son élévation vers toi.

Ma fille, les derniers jours que votre ami a passés près de nous ont été consacrés en partie à nous connaître, à nous aimer; il commençait à voir en nous l'avant-garde, les guides de l'humanité, il pressentait que nous apportions au monde une bonne nouvelle, que nous marchions selon la justice, selon la vérité; croyez-en cette inspiration du génie, croyez-en son amour pour tout ce qui est bon et généreux ; il *sentait le parfum de la terre prochaine,* il entrevoyait le *ciel* où il voulait entrer, et il vivait en espérance de la vie qu'il réalise aujourd'hui en nous, car son espoir n'était pas un songe, la bonté de Dieu ne l'a pas trompé, il s'avançait vers nous, il marche aujourd'hui avec nous, il vous appelle.

Gloire à Dieu, séchez vos larmes, quittez ce voile funèbre, sortez de la solitude, cherchez à jouir de la lumière du flambeau que Saint-Simon a mis dans les mains de votre époux *régénéré,* sa flamme ne brille pas sur une tombe, ce n'est pas par les regrets et la douleur, c'est par l'espoir qu'elle s'alimente ; marchez donc avec confiance, avec ardeur dans la route que je viens de vous ouvrir, elle conduit à un monde meilleur que celui qui nous entoure, c'est là seulement que vous pourrez un jour, digne de votre ami, vous unir vraiment à lui pour l'éternité. Alors vous comprendrez comment, sur cette *nouvelle terre,* deux âmes créées l'une pour l'autre ne *seront jamais séparées* par la mort, car vous sentirez que, *sur cette terre,* chaque jour plus aimant, elles pourront s'unir amoureusement chaque jour, et qu'elles s'avanceront ainsi d'un pas égal, à travers le temps et par un progrès sans cesse croissant, vers l'amour infini, vers l'union éternelle.

P. E.

LVIe LETTRE

A EDMOND TALABOT

Paris, décembre 1829.

Mon cher fils, nous savons tous ce que vaut votre cœur, et vous n'avez pas besoin de faire un article bien arrangé, bien ordonné pour vous faire connaître ; tous les frères ne doivent pas être absolument des écrivains, et ce n'est pas pour la pureté du *style* qu'on entre dans notre *académie* ; prenez donc avec calme et vos pénibles efforts jusqu'à ce jour, et les petites gronderies que je vous ai faites, et le peu de succès de votre plume ; surtout soyez certain que nous comptons autant sur vous que sur vos autres frères et que pour moi en particulier vous êtes et vous serez toujours l'un des enfants de mon choix, l'un des élus de mon cœur.

Plus nous avançons dans la doctrine, et plus nous nous approchons du moment où une division du travail sera possible, et quoique nous soyons obligés, dans le commencement, de consacrer *plus particulièrement* nos forces *intellectuelles* au service de la doctrine, quoiqu'il faille plus de *théologiens* que de PRÊTRES actuellement, enfin quoiqu'il soit surtout nécessaire *d'enchaîner* des *raisonnements* pour écraser les *logiciens* de l'époque, nous avons aussi d'autres armes à employer, même contre ces *logiciens*, et Trançon, Cazeaux, Bineau, sont des trophées que vous pouvez montrer avec joie, et qui peuvent vous consoler de bien des petites douleurs.

Ne croyez pas pour cela que je vous engage à cesser de parcourir la voie où je m'efforce de vous mettre depuis que je vous connais. Vous n'arriverez pas non plus à la condition de PRÊTRE, si vous ne vous habituez pas à maîtriser *rationnellement* la fougue de votre CŒUR : vous en avez vu les inconvénients dans vos tentatives de conversion à l'égard de vos frères ; bon et aimant, comme vous l'êtes, il faut que la *réflexion* vienne sans cesse au secours de votre *amour*, pour que vous puissiez sortir largement de l'état de fidèle et vous rendre digne de la prêtrise. Continuez donc à nous *étudier*, à mettre de *l'ordre*, de la liaison, de *l'unité* dans vos idées, dans vos paroles, dans vos écrits, dans vos actes : lisez les bons écrivains et surtout les travaux de l'école, non-seulement pour y puiser des inspirations, mais pour vous pénétrer de la manière dont les idées peuvent être rendues *claires*, intelligibles. Toutefois n'attachez à ce travail que l'importance dont il peut être pour vous, regardez-le comme secondaire, et ne soyez pas abattu lorsque vous voyez que les résultats s'obtiennent lentement.

J'ai répondu de vous à Léon et à Jules; je leur ai dit que la doctrine cultiverait en vous ces excellentes qualités de cœur qu'ils vous connaissent, et qu'elle vous donnerait une capacité intellectuelle, que leur conduite à votre égard aurait fait avorter, quoiqu'elle fût en germe en vous; j'en réponds encore parce qu'avec votre amour pour la doctrine et pour nous, il n'y a rien que vous ne puissiez faire.

Venez me voir demain; ne m'apportez pas encore votre travail, lisez-le, relisez-le, polissez-le ; lisez-le haut surtout pour l'*écouter,* pour châtier les dissonnances, la rudesse des expressions ; faites-vous public pour lui ; ne vous occupez pas du tout, pour le moment, de savoir s'il sera ou non imprimé, donnez-vous pour tâche de faire un morceau *clair,* d'une lecture *facile*, agréable, attrayante ; ayez en vue le *faire*, la partie *technique*, l'art ; soyez blessé des répétitions, des expressions qui ne rendent pas complétement votre idée ; mais *surtout* regardez toujours si, d'une phrase à l'autre, il n'y a pas un précipice pour le lecteur, précipice que l'auteur comble souvent avec trop de facilité parce que, pénétré de son sujet, il franchit d'un saut l'espace, tandis que le lecteur tombe au fond du fossé. Ne craignez pas de mettre une régularité *froide* dans ce que vous ferez, ce ne sera jamais votre défaut, l'exagération en ce genre ne vous sera jamais habituelle.

Adieu, cher fils, votre lettre m'a fait plaisir et peine; plaisir, parce que c'est une nouvelle preuve de votre amour pour la doctrine et de votre affection pour moi ; peine parce que vous souffrez et que la doctrine et moi ne voulons pour vous que des joies, elle vous les doit et votre attachement en est une trop grande pour moi, pour que je ne sois pas aussi votre débiteur. Aimez-nous toujours comme vous le faites et nous triompherons ensemble de tout ce qui vous fait souffrir.

P. E.

LVIIe LETTRE

A RESSEGUIER

Paris, fin décembre 1829.

Je suis désolé, mon cher Resseguier, de rester aussi longtemps sans écrire à notre excellente *Église* de Sorèze ; j'ai été tellement occupé que cela m'a été impossible : nous faisons pour ainsi dire notre inventaire, depuis quelque temps ; nous résumons le passé de la doctrine et préparons ses travaux futurs, et ce travail ne nous empêche pas de continuer, et l'enseignement de la rue Taranne, et l'élaboration des idées, et le petit mercredi, et enfin tous les travaux que vous pouvez supposer devoir prendre notre temps. Je remets à Borrel le travail que j'envoie à Benjamin (Rivals) en réponse au sien, et je vous enverrai le brouillon que vous vous efforcerez de déchiffrer, l'un et l'autre ne valent pas la peine qu'on en prenne une copie, mais Borrel vous fera passer cependant un double de la lettre d'envoi, il est bon que vous la connaissiez.

Barrault a dû vous faire passer les numéros du *Producteur;* je vous enverrai dans peu de jours un ou deux cahiers de l'*Industrie* ; nous sommes en marché pour faire acheter, chez deux libraires, ce qui reste de ce cahier et du système industriel; il y en a fort peu du premier, et environ deux cents du second. Je vous envoie aussi par Borrel la copie des lettres de Mme de Roissy, la troisième lettre de Duveyrier ; la copie des lettres de Comte sur l'industrie, la correspondance de moi et d'un nommé Lecamus, une sixième lettre à Thérèse qui se rattache à la question Dieu MANIFESTÉ MATÉRIELLEMENT, une lettre à Drut de Lyon, (n'usez de celle-ci que fort sobrement, je comptais vous écrire sur le même sujet, et développer ce que je vous en avais indiqué dans ma précédente lettre, mais je n'ai pas le temps, et serai d'ailleurs bien aise d'avoir un mot de vous). Je tâcherai d'y joindre la copie d'une lettre de d'Eichthal (il marche on ne peut mieux) et d'un petit morceau de lui, lû dans une répétition qu'il fait avec Duveyrier à quelques néophites ; (ce morceau va être inséré dans l'*Organisateur*, je ne vous l'enverrai donc pas). L'*Organisateur* vous portera peu à peu les résumés de la rue Taranne (notre salle est devenue trop étroite et nous allons être obligés d'en prendre une plus grande). Vous voyez que je songe à vous ; mais ce qui m'occupe le plus, c'est de faire répondre à Encely, car pour lever les objections, il faut un long travail et je n'ai pas le temps de le lui faire. Je me contenterai donc, pour aujourd'hui dans cette lettre, de réfuter très-rapidement sa correspondance avec vous et avec moi, vous lui ferez passer copie de cette partie de la lettre; Encely sait bien que lorsque je vous écris, c'est à toute la famille méridionale que je m'adresse; lui et Marquier ne m'en voudront donc pas si je ne leur écris pas directement ; entre nous, les formes de politesse du siècle font place aux habitudes d'*Ordre* Saint-Simonien. Barrault s'occupe de l'impression de son travail dans la revue Encyclopédique ; si cela ne pouvait pas être imprimé pour le numéro de février, nous le ferions imprimer nous-mêmes; cela fera certainement la meilleure brochure que la doctrine ait encore publiée, nous en avons tous été ravis. Je ne vous envoie pas les deux résumés de l'année dernière sur la propriété, c'est inutile; Fournel s'occupe de la révision de tous ces résumés, pour les livrer de suite à l'impression; cela formera un volume, dont la doctrine retirera j'espère beaucoup d'avantages. Nous pourrons nous dispenser de donner l'ouvrage de Comte (source de préjugés terribles à déraciner) comme introduction à la doctrine. Ce volume sera au moins orthodoxe.

Je pense que vous êtes assez content de l'*Organisateur,* il remplit le but auquel nous le destinions, surtout depuis qu'il donne les résumés; le nombre des abonnés n'est encore que de 150, nous voudrions bien aller à 200; j'y compte d'ici à six mois.

Barrault vous a sans doute donné quelques détails sur les progrès de la doctrine, constatés par le *nombre* et la *qualité* de nos auditeurs. L'École polytechnique donne à force; Borrel et deux de ses camarades, dont un surtout est très-avancé dans la doctrine, Trançon, vont avoir des réunions régulières, pour répéter à des ingénieurs des ponts et des mines, les leçons de l'année dernière ; ce qui sera excellent pour leur faire suivre plus facilement celles de cette année. Fournel a aussi une petite école d'une douzaine de personnes auxquelles il fait chaque semaine une leçon de deux heures, quatre dames y assistent; — d'un autre côté nos dames (Mme Bazard, Mme Fournel, etc., ont commencé à se réunir et à faire des travaux.

Cette lettre est continuée par C. Duveyrier.

31 décembre 1829.

Mon cher frère, notre excellent Père Enfantin désirait ajouter encore quelque chose à sa lettre, écrite il y a déjà quelque temps, mais il est au lit depuis avant-hier, et pour qu'il se rétablisse entièrement, il faut qu'il oublie un peu la doctrine. Plus tard il vous répondra sur la question qui n'est pas traitée dans le morceau ci-contre, et quant à la question qu'il y a traitée, il vous prie de ne pas considérer son travail comme enseignement direct et préparatoire; du reste il me charge de vous dire d'être tranquille à cet égard, la question dont il vous parle aujourd'hui, il la traite *ex cathedrâ,* et quant à l'autre, une des raisons qui l'engagent à la retarder, c'est le désir qu'il a de la traiter de la même manière, ce qu'il espère pouvoir faire d'ici à peu de temps.

Nous vous attendons avec bien de l'impatience, moi surtout, que votre correspondance avec Eugène n'a pas peu contribué à convertir; j'ai fait, pour ainsi dire, déjà connaissance avec vous en lisant et relisant vos lettres, et c'est ce qui me fait vous traiter affectueusement et sans façon. Votre arrivée ici sera doublement un sujet de joie, ou plutôt il se passe en ce moment dans l'église de Paris, une sorte d'épuration qui rend plus chère que jamais la présence des frères qui sont éloignés de nous. Il est arrivé, mon cher Resseguier, ce que le collége prévoyait depuis quelque temps, c'est que les progrès de la doctrine n'ont pas été également sentis par tous, que des personnalités ont été mises en jeu, sans que ceux chez qui elles se sont manifestées en aient eu connaissance, bien entendu, et leur bonne foi à cet égard est telle, que bien que dans le collége, six personnes (Olinde, Enfantin, Bazard, Laurent, Eugène et Margerin) luttent depuis plusieurs mois contre une seule, bien que dans le petit mercredi, trois personnes seulement, les deux Alisse et Boulland aient partagé l'opinion du dissident, tandis que les autres (Sarchi, Péreire, Carnot, Barrault, Fournel, Jallat, Dugied et moi) partagent entièrement la doctrine émise par *le collége moins Buchez ;* néanmoins les dissidents du petit mercredi nous considèrent comme hérésiarques et *espèrent* disent-ils *que nous leur reviendrons.* Je ne vous parlerai pas des circonstances personnelles qui ont provoqué chez ceux qui parlent ainsi la scission qu'ils vont entièrement opérer. Cependant je ne puis m'empêcher de vous dire que de tous nos pères ce sont ceux chez qui, à ce qu'il m'avait paru, la doctrine avait le moins modifié le vieil homme. Quant à la question de doctrine sur laquelle ils s'appuient pour se séparer de nous, nous devons considérer qu'il est impossible que tôt ou tard, ils ne soient pas ramenés au milieu de nous, soit par les méditations qu'ils ne peuvent manquer de faire dès qu'ils se trouveront isolés, soit par les nouveaux travaux que la grande vue de la doctrine sur Dieu doit faire produire d'ici à peu de temps dans le sein du collége et du petit mercredi. Au reste, ce soir, une grande amélioration va être opérée dans le sein même du collége; nous sommes tous convoqués par lui pour entendre Rodrigues aîné introniser Enfantin et Bazard, en qui désormais va se trouver concentrée la haute direction de la doctrine. Je ne puis vous en écrire davantage aujourd'hui; demain ou après, je vous dirai comment les choses se seront passées.

Je vous embrasse bien tendrement.

Votre frère en Saint-Simon,

CH. DUVEYRIER.

1er janvier 1830.

Combien je me réjouis, mon cher Rességuier! d'avoir attendu encore un jour pour vous envoyer la lettre d'Enfantin; notre séance d'hier a été touchante et sublime, et vous aurez, je l'espère, bien de la joie à savoir ce qui s'est passé. Buchez n'y assistait pas, mais il avait écrit à Olinde une lettre où il déclarait approuver d'avance tout ce qui serait fait au nom du collége. Al... et Boul... étaient absents, ils se sont séparés de nous, et nous avons éprouvé déjà, par l'effusion de cœur et la chaleur d'âme qui ont présidé à notre réunion d'hier, combien leur présence avait mis de froid et de gêne parmi nous. Leur absence jusqu'à ce qu'ils s'amendent entièrement, est ce qui pouvait arriver de mieux pour nous aussi bien que pour eux. Tout le collége, à l'exception de Buchez, Enfantin et Eugène qui sont malades, tout le petit mercredi à l'exception de Al.... et Boul...., était présents ; Rodrigues aîné a ouvert la séance dont voici le compte rendu :

« Je commencerai, a dit Rodrigues, par rappeler que dans le petit nombre de ceux qui entouraient Saint-Simon à son lit de mort, le seul qui n'ait pas abandonné la mémoire du maître, le seul qui ait poursuivi ses travaux, le seul enfin qui aujourd'hui professe et propage la doctrine en son nom, *c'est moi*. Les autres ont fui, ont renié le maître. C'est donc par moi qu'a été conservée une sorte de filiation entre Saint-Simon mort et les disciples que j'ai pu attacher à sa doctrine. C'est en moi que la tradition était vivante, et cette circonstance jointe à la confiance, au dévouement sans bornes dont je me sentais pénétré pour la parole de Saint-Simon, me fit naturellement reconnaître par ceux que je ralliai à moi, comme l'héritier et le continuateur du maître. Depuis sa mort, je fus en réalité le directeur et le chef de l'École. Je m'acquittai de cette haute mission avec toute l'ardeur, toute la foi possible. Huit jours après la mort du maître, j'avais organisé le *Producteur*. »

« Saint-Simon avant de mourir m'avait dit :
» Notre dernier ouvrage est celui qui sera le
» dernier compris (le Nouveau Christianisme).
» On croit généralement que les hommes ne
» sont pas susceptibles de se passionner dans
» la direction religieuse, mais c'est une pro-
» fonde erreur. Le système catholique était en
» contradiction avec le système des sciences et
» de l'industrie moderne ; par là, sa chute était
» inévitable. Elle a eu lieu, et cette chute est
» le signal d'une nouvelle croyance, qui va rem-
» plir de son enthousiasme le vide que la cri-
» tique a laissé dans les âmes, d'une croyance
» qui tirera sa force de tout ce qui manque,
» comme de tout ce qui appartient à l'ancienne. »
— Cette parole du maître n'était jamais sortie de ma pensée, et pendant les travaux *du Producteur*, à une époque où mes collaborateurs ne concevaient encore que la valeur scientifique et industrielle de la doctrine, je consentis, quoiqu'à regret, à ce que cet ouvrage, celui qui devait être le dernier compris, fût pour quelque temps laissé de côté. Cependant je ne cessais

de le rappeler à la mémoire de mes coopérateurs, en leur répétant ce que m'avait encore dit Saint-Simon : « Toute la doctrine est là. » *Le Producteur* cessa de paraître à l'époque où nous commençâmes à sentir que nous n'avions encore étudié qu'une face de la doctrine du maître. Alors le Nouveau Christianisme, grâce à ma persévérance, fut lu, relu, et tous les jours de plus en plus compris. La direction de l'école se ressentit bientôt de l'heureuse influence de ce progrès. Tous les grands problèmes humains, qui à toutes les époques organiques trouvent leur solution dans l'idée générale, dans la nouvelle révélation qui sert de lien aux sociétés humaines, furent posés, discutés et résolus, d'après les principes mêmes de la révélation saint-simonienne. En même temps le cercle des conversions fut agrandi. Enfantin ouvrit des correspondances sur plusieurs points, les réunions particulières où quelques personnes pouvaient seules jouir de l'exposition que Bazard faisait chez l'une d'elles, furent changées en des assemblées publiques, où toute personne, du dehors même de l'école, put assister, et manifester ses doutes et ses objections. Depuis un an de nombreuses correspondances ont été engendrées par celles d'Enfantin ; plusieurs réunions particulières se sont formées à côté de la réunion publique et générale. Au-dessous du collége où plusieurs d'entre vous ont déjà mérité d'être admis, nous avons pu vous constituer en un second degré qui vous offre une occasion plus régulière et plus constante de vous avancer dans la doctrine. Depuis un an enfin, de grands progrès ont été obtenus, et ces progrès ont été préparés par d'autres que par moi. Depuis cette époque, la direction de l'école, l'initiation dans la production et l'élaboration des idées, dans les travaux même, de propagation, ont passé de mes mains dans celles d'Enfantin et de Bazard ; en un mot, il est de fait, et tout fait dans la doctrine doit se faire jour et se développer dans toutes ses conséquences, il est de fait, dis-je, qu'aujourd'hui, sous le rapport de la conduite de l'école, ma mission est accomplie. J'ai pensé qu'à moi, avant tout autre, il appartenait de le reconnaître, et c'est pour vous l'annoncer solennellement que cette réunion a été convoquée. Dès ce jour, je dépose la direction de l'école de Saint-Simon entre les mains d'Enfantin et de Bazard, et je le déclare du plus profond de mon âme, j'attends de cette nouvelle organisation de l'école, les plus importants résultats. »

« Enfin, Rodrigues a ajouté, avec chaleur et émotion, qu'il n'avait jamais éprouvé une aussi vive jouissance, qu'il ne s'était jamais senti aussi grand par Saint-Simon, que ce jour où il était parvenu à en trouver de plus grands à élever au-dessus de lui; il a terminé en disant que loin d'abandonner l'école, il restait toujours au milieu de la famille saint-simonienne, assistant autant qu'il le pourrait à toutes nos réunions, toujours prêt à répondre aux frères lorsqu'ils voudraient savoir comment vécut et mourut Saint-Simon. »

» En nous expliquant les motifs qui déterminaient sa retraite partielle de l'école, Rodrigues avait laissé échapper quelques mots sur les relations de famille dans notre siècle, sur *cette plaie saignante,* dont un de nous avait parlé le jour même dans l'*Organisateur*.

» Lorsqu'il eut fini de parler, Duveyrier se leva, et répondant en particulier à cette partie de son discours, il dit que les progrès passés de l'école en faisaient présager prochainement de plus grands encore ; que le plus beau résultat qu'elle pût désirer devait être de rendre *entièrement* à Saint-Simon ceux que des nécessités bien respectables sans doute, mais douloureuses pour tous les frères, éloignaient plus ou moins de fonctions où ils avaient et pouvaient encore être d'une si grande utilité, que, quant à lui (Duveyrier), il n'aurait pas de cesse, jusqu'à ce qu'il eût rendu Rodrigue à la doctrine. Mais Rodrigues l'ayant invité à ne pas insister sur un détail personnel, Duveyrier a terminé en exprimant la joie qu'il avait ressentie, en entendant la déclaration faite ce soir et les grandes espérances qu'elle lui inspirait.

» La plus vive émotion nous remplissait tous, d'Eichthal s'est levé en s'écriant : « Rodrigue, « les chrétiens se donnaient le baiser de paix, « pourquoi ne nous le donneriez-vous pas ? » Alors nous nous sommes jetés au cou de Rodrigue ; et Bazard, le seul présent de nos deux chefs (Enfantin était indisposé et au lit), a aussi reçu nos embrassements.

» Talabot s'est écrié avec grande raison : que c'était pour la première fois qu'on voyait une société rendre témoignage par un acte solennel à la perfectibilité humaine.

» Après quelques instants d'interruption, Bazard prit la parole et s'attacha à montrer la différence de notre dogme avec celui des chrétiens, qui prescrit de s'humilier, de chercher la dernière place en toutes circonstances ; tandis que la religion de Saint-Simon nous prescrit de nous mettre à la place dont nous sommes jugés dignes, et cette espèce de dévouement n'exige pas moins de vertu que l'humilité chrétienne.

» Mais notre religion nous commande aussi de savoir résigner notre place lorsqu'un autre se montre plus que nous digne de la remplir. Bazard assura que l'exemple donné ce soir par Rodrigue servirait d'antécédent pour tous les cas semblables qui se présenteraient à l'avenir. Il protesta, en son nom et en celui d'Enfantin, qu'ils attendaient l'un et l'autre avec impatience le jour où ils pourraient imiter Rodrigue, et mettre en leur place un fils devenu plus grand qu'eux en Saint-Simon.

« Bazard appuya sur ce qu'il était impossible qu'un homme appelé à occuper la première place n'y fût pas porté de suite ; Bazard était très-ému, et ce fut vraiment avec joie qu'il ajouta que pour lui son plus beau jour serait celui où il pourrait faire pour un autre ce que Rodrigue venait de faire pour lui et Enfantin.

« Ensuite il parla de la dissidence, de Boul.., et d'Al... ; toutes les démarches possibles ont été faites inutilement et ce sont eux qui en définitive se séparent. — Bazard, après avoir insisté sur le fait que la scission n'aurait jamais eu lieu pour divergence d'opinion et qu'il a fallu qu'ils fussent éloignés de l'école par des sentiments personnels et hostiles, a pris occasion de cette circonstance pour appuyer encore sur la nécessité, pour être agrégé à l'école, de sentir ce que sentent les disciples de Saint-Simon, encore plus que de penser ce qu'ils pensent. La soirée s'est terminée dans une parfaite concorde et la plus vive expression de joie ; mon cher Resseguier, voilà un jour qui vaut bien la Pentecôte.

« Adieu, mille amitiés.

« DUVEYRIER. »

« J'oubliais de vous dire que la séance a été terminée par la lecture que Barrault nous a faite de votre dernière lettre qui nous a fait le plus grand plaisir. Ainsi tout Sorèze s'occupe de la doctrine, et le terrible Poupot la prêche en chaire. *En vérité,* mon frère, vous faites des merveilles. Arrivez donc, nos bras vous sont ouverts et nous brûlons d'impatience de vous voir et de vous embrasser.

« Enfantin me charge d'ajouter qu'il a un lit à vous offrir, vous serez au milieu de nous et sous les ailes d'un des pères ; ainsi en arrivant, dirigez-vous d'abord avec vos paquets rue Neuve-Saint-Augustin, n° 30.

« C. DUVEYRIER. »

NOTE D'ENFANTIN

SUR

L'EXTRAIT DE LA SÉANCE DU 31 DÉCEMBRE 1829.

Cet extrait fut rédigé par Charles Duveyrier, sur les notes de Rodrigues ; c'était chez Charles, à l'hôtel de la Caisse hypothécaire, que la réunion avait eu lieu, parce que, ce jour-là même, j'étais au lit malade.

Tout ce que dit Rodrigues sur son influence à notre égard comme rappel constant au *Nouveau Christianisme* est un fait incontestable et qui a été trop généralement méconnu. Il aurait pu ajouter que par *lui* (et secondairement par moi), Bazard et moi-même, nous acquîmes la conscience de la valeur religieuse de l'industrie même dans son état actuel; nous sentions la valeur scientifique et politique des *théories* industrielles, de l'économie politique, mais nous étions loin de sentir, comme le sentait le disciple du *maître,* ce qu'il y avait de puissance pacifique dans des hommes comme Rothschild, Laffite, et en général dans les banquiers qui pourtant devaient avant peu mener la politique française et qui la dirigeaient même déjà en partie par l'intermédiaire de Villèle, d'où résultait que nos prévisions, les plus prochaines surtout, en politique, devaient être fausses; en un mot le sens prophétique de la *bourse* nous manquait. — Mais c'est surtout sous l'aspect *moral* de ce vide qui était en nous, que Rodrigues pouvait légitimement se glorifier d'avoir puissamment contribué à nous initier à la vie nouvelle ; je veux parler du sentiment pacifique que Rodrigues parvint *enfin* à inculquer en nous, et auquel Bazard fut si longtemps rebelle, car ce ne fut que bien longtemps après notre prise de possession du *Globe* que nos écrits et nos prédications en portèrent l'empreinte.

Cette installation de la hiérarchie avait été fixée pour le jour de Noël, naissance du Christ (voir la lettre de Buchez); elle fut remise, et parce que j'étais indisposé, et aussi parce que nous espérions encore pouvoir y faire assister Buchez.

Mais il faut rappeler comment cette grande évolution de notre vie apostolique se prépara.

Depuis longtemps déjà il était évident pour moi que, lorsque nous nous étions entendus, Bazard et moi, sur quoi que ce fût, la chose était instituée dans la famille, et que Buchez seul continuait des discussions épuisées pour tous, ne se rendant plus à aucune décision. La raison de cette autorité de Bazard et moi était simple, Bazard *enseignait,* et moi j'*écrivais* ou je dictais et faisais *écrire*.

Un soir, sortant de chez Bazard, avec Rodrigue et Eugène (c'était vers le commencement de décembre), à la suite d'une discussion très-vive avec Buchez, discussion qui avait, comme toutes les précédentes, le grand inconvénient de retarder Bazard lui-même à tomber d'accord (il s'agissait du dogme panthéistique, contre lequel Bazard avait fait successivement toutes les objections qu'il a lui-même, plus tard, si solidement réfutées); je dis à Rodrigue que nous ne pouvions plus continuer dans une pareille anarchie, et je lui demandai à lui et à Eugène, s'il ne pensait pas, comme moi, que nous faisions de la république avec ses mensonges, car de fait Bazard et moi *dirigions*. Rodrigue en convint, et, le soir même, il admit qu'il fallait faire cesser ce désordre, comme je l'indiquais, en reconnaissant de droit ce qui était de fait. Eugène fut très-heureux de ce progrès qu'il désirait depuis longtemps, sans s'en rendre compte, et sans l'exprimer. . . . .

Nous eûmes, ou plutôt je crois Rodrigues eût, avec Bazard, une entrevue à ce sujet, Bazard demanda du temps, quinze jours, je crois, pour réfléchir, prévoyant d'ailleurs l'impression que cette décision produirait sur Buchez. Enfin il accepta, et le jour de Noël fut indiqué. . . . .

. . . .

Il nous raconta depuis que lorsqu'il en prévint Buchez, celui-ci lui dit, avec une naïveté toute particulière : « Ah ! je ne m'étonne plus maintenant ; je comprends pourquoi Enfantin fai-
« sait tant de correspondances, allait et venait

« auprès de tant de monde, faisait tant de caté-
« chumènes ; Bazard, je vous avais bien dit
« qu'Enfantin était un ambitieux. »

Prison de Sainte-Pélagie, 4 janvier 1833.

Paris, imprimerie Paul Dupont, rue J.-J. Rousseau, 41 (553-.5.72)

www.ingramcontent.com/pod-product-compliance
Ingram Content Group UK Ltd.
Pitfield, Milton Keynes, MK11 3LW, UK
UKHW051021210726
13857UKWH00007B/640

9 782012 464964